JN312395

すぐにできる ルアーフィッシング

リベラル社

本書で狙える主な魚

River/川

絶対に釣るぞ！

流れのある場所は苦手と言われてきたブラックバスだが、近年では橋げた、ワンドを中心にを新しいポイントが増えてきている。流れの中で育ったバスの引きはひと味違う。

川・池・湖で釣れる魚

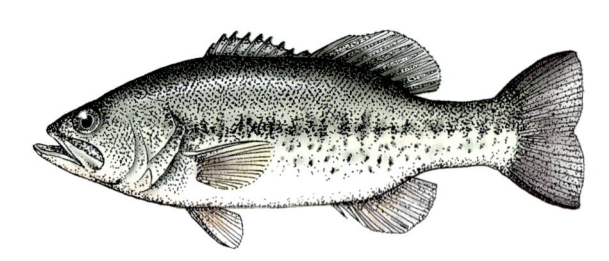

ブラックバス

日本各地の川、池、湖に生息するとても身近なターゲット。高いゲームと強烈なファイトで抜群の人気を誇っている。タックルを研究し、使い分けて大物を狙おう。

Pond / 池

大物を狙ってキャスト！

小さな沼や池にも好釣り場は多い。ベイトフィッシュが豊富で、夏場はナマズ、ライギョの天国になる。近場の小さな野池に意外な大物が潜んでいることも。

ライギョ

大型になると体長1mを超える。頑丈でパワーのあるタックルで挑もう。

ブルーギル

小型の割にルアーに対する反応が良く、アタリも明確。ビギナーの入門魚として最適。

Lake / 湖

ルアーはカラフルで見ているだけでも楽しい。

淡水のルアーフィッシングのメインとなるフィールド。平地の湖にはブラックバスやブルーギルが繁殖し、標高の高い場所にある山上湖はトラウト類の豊庫だ。

川・池・湖で釣れる魚

ナマズ

夜行性の魚で日中は物陰に隠れてじっとしているが、夕マズメから夜にかけて急激に活性が高まる。

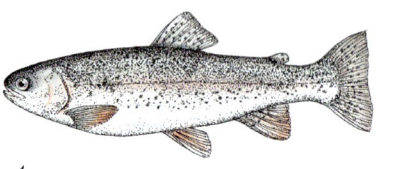

ニジマス

体に虹色の帯を持つ。各地で養殖が盛んに行われ各地の川や湖に放流されている。

Mountain stream/渓流

新鮮な空気をいっぱいに吸って釣りが楽しめるのが渓流ならではのぜいたく。大自然に育ったターゲットたちの美しい魚体を見る喜びは何ものにもかえがたい。

渓流で釣れる魚

イワナ

渓流の最上流に生息する魚。警戒心が強い反面、昆虫、小魚を貪欲に捕食する。

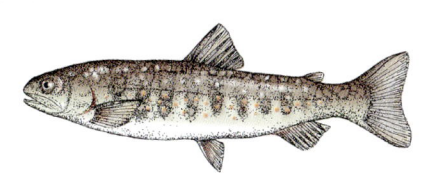

ヤマメ

イワナよりやや下流部に生息する。その美しい魚体は渓流の女王と呼ばれているほど。

Sea! 海

身近な漁港や防波堤からでも狙えるターゲットは数多い。パワフルな引き味が楽しめるうえ、食味も最高。時にはびっくりするような魚がヒットすることもある。

海で釣れる魚

シーバス

海のルアーフィッシングでは人気No.1のターゲット。身近な釣り場で釣れるので誰でも気軽にトライできる。

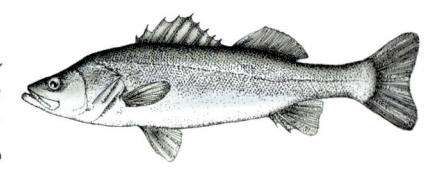

カサゴ

大きな口が特徴のユニークな面構えをしたターゲット。手軽なタックルで始められる。

メバル
夕方から夜にかけて常夜灯周りでエサを追う。気軽に狙って手軽に釣れるターゲット。

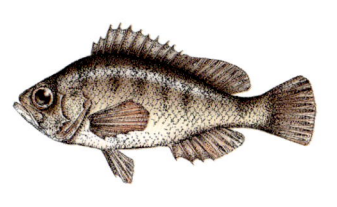

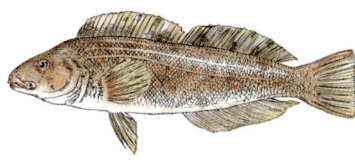

アイナメ
ルアーターゲットとしては新入りの部類。秋から冬がベストシーズンになる。

ヒラメ
平べったい魚体にとび出した目玉。ユニークな体型とは裏腹に、性格はどう猛だ。

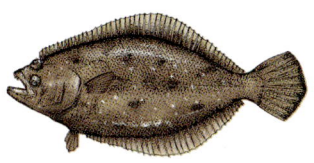

メッキ
小型ながらド派手なファイトは痛快そのもの。ビギナーの入門魚として最適。

タチウオ
体は日本刀のように長く、パールのような輝きを放つ。鋭い歯で獲物にかみつく典型的なフィッシュイーターだ。

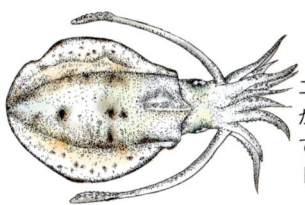

アオリイカ
エギを使ったエギングが近年最も人気。食べてもおいしいターゲットだ。

ルアー図鑑

Top Water
トップウォーター

<ペンシルベイト>
T.D. ソルトペンシルドラドチューン 125F/S （ダイワ）

<スイッシャー>
ONETEN LAP STICK （メガバス）

<スイッシャー>
SCREAM-X Jr （メガバス）

<ポッパー>
POPX SW （メガバス）

<ポッパー>
T.D. ポッパー 1070F （ダイワ）

<ノイジー>
Gatta-X （メガバス）

Minnow
ミノー

オシアミノー ベイスペシャル （シマノ）

ショアラインシャイナー R40 （ダイワ）

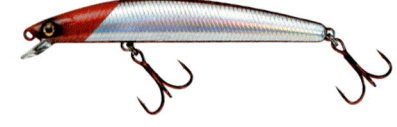

プレッソミノー （ダイワ）

オシア サーフトレック （シマノ）

Crank Bait
クランクベイト

ピーナッツⅡ （ダイワ）

Z-CRANK COVER HACKING （メガバス）

BAIT-X （メガバス）

Vibration
バイブレーション

T.D. バイブレーションシーバスチューン（ダイワ）

VIBRATION-X （メガバス）

Metal Jig
メタルジグ

ファントムⅡ （ダイワ）

METAL-X BUBBLE HEADER AGITATE （メガバス）

Rubber Jig
ラバージグ

ハネラバ （シマノ）

ボストン （シマノ）

*S*poon
スプーン

シルバークリークマソー（ダイワ）

月下美人 月のかけら（ダイワ）

*S*pinner
スピナー

シルバークリークスピナーR（ダイワ）

ミラー（ダイワ）

*S*pinner Bait
スピナーベイト

V-FLAT（メガバス）

*B*uzz Bait
バズベイト

V-FLAT BUZZ 5/16oz.（メガバス）

11

Softlure
ソフトルアー

TOURNAMENT CRAWLER (メガバス)

月下美人カーリービーム（ダイワ）

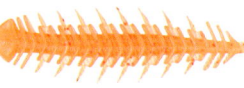

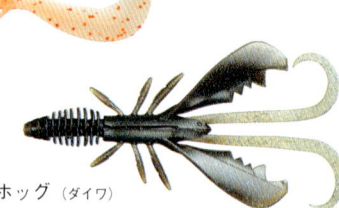

ソニックアーム（ダイワ）

ツイスターホッグ（ダイワ）

Spindle Worm Havy Metale Mixture（メガバス）

Egi
エギ

セフィアキーン（シマノ）

ミッドスクイッドRV（ダイワ）

はじめに

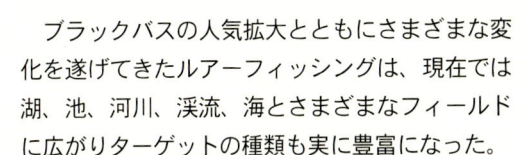

　ブラックバスの人気拡大とともにさまざまな変化を遂げてきたルアーフィッシングは、現在では湖、池、河川、渓流、海とさまざまなフィールドに広がりターゲットの種類も実に豊富になった。

　ルアーフィッシングを始めるきっかけは人それぞれ。そのスタイルのカッコ良さや、カラフルなルアーの美しさに引かれる人、釣りを通じて自然を満喫したい人など…どんなきっかけであってもルアーをキャストしていれば日頃の憂さは晴れていく。

　しかし、せっかくフィールドに出たのだから自らの手で魚を釣りあげてみたいとは誰もが思うはず。そんなときは本書を読んで、ルアーフィッシングの基礎を学んでおくことが上達の近道になるだろう。ルアーフィッシングとはフィールドの状況を読み、魚のいる場所や行動を予測し、ルアーで魚を積極的に誘う、いわば魚たちとの知恵比べなのだ。エサ釣りのような「待ち」の釣りを想像しているとたちまちボウズをくらってしまう。しかし、その知恵比べの末に、釣り上げた1尾の喜びは格別なものになるにちがいない。

　基本的な道具をそろえたら、あとはフィールドに向かうだけ。自分の選んだタックルを信じてキャストをくり返してほしい。魚がかかった瞬間の感激を1人でも多くの読者に味わってもらえれば何よりの喜びである。

CONTENTS

本書で狙える主な魚　川 2
　　　　　　　　　　池 3
　　　　　　　　　　湖 4
　　　　　　　　　　渓流 5
　　　　　　　　　　海 6
ルアー図鑑 8
はじめに 13

I 基本

ルアーフィッシングとは 18
ルアーを選ぶ① 20
ルアーを選ぶ② 22
スプーン 24
スピナー 25
ミノー 26
クランクベイト 28
バイブレーションプラグ 30
トップウォータープラグ① 32
トップウォータープラグ② 34
スピナーベイト 36
バズベイト 37
メタルジグ 38
ラバージグ 39
ソフトルアー① 40
ソフトルアー② 42
ソフトルアー③ 44
ロッド① 46
ロッド② 48
リール 50
スピニングタックル 52
ベイトタックル 53
ライン 54
ウエア&グッズ① 56

ウエア&グッズ②	58
セッティング	60
結び方①	62
結び方②	64
キャスティング①	66
キャスティング②	68
キャスティング③	70
リトリーブ①	72
リトリーブ②	74
リトリーブ③	76
リトリーブ④	78
フッキング	80
ファイティング	81
ランディング	82
リリース	83
トラブル解消法①	84
トラブル解消法②	86

II 淡水ゲーム

淡水ゲームの基礎知識①	88
淡水ゲームの基礎知識②	90
ブラックバス①	92
ブラックバス②	94
ブラックバス③	96
ブラックバス④	98
ブラックバス⑤	100
ブラックバス⑥	102
ブラックバス⑦	104
ブラックバス⑧	106
ブラックバス⑨	108
ブルーギル①	110
ブルーギル②	112
ライギョ①	114

CONTENTS

ライギョ②	116
ナマズ①	118
ナマズ②	120
トラウト類①	122
トラウト類②	124
トラウト類③	126
トラウト類④	128
トラウト類⑤	130
トラウト類⑥	132
管理釣り場リスト	134

III ソルトウォーターゲーム

ソルトウォーターゲームの基礎知識①	136
ソルトウォーターゲームの基礎知識②	138
シーバス①	140
シーバス②	142
シーバス③	144
ロックフィッシュ①	146
ロックフィッシュ②	148
ロックフィッシュ③	150
ヒラメ①	152
ヒラメ②	154
メッキ①	156
メッキ②	158
タチウオ①	160
タチウオ②	162
アオリイカ①	164
アオリイカ②	166
アオリイカ③	168
用語集	170

I

基本

ルアーフィッシングとは

ルアーフィッシングの魅力

　ルアーとは主に肉食魚（フィッシュイーター）のエサとなる小魚（ベイトフィッシュ）などをマネてつくられた疑似餌のこと。プラスチックや金属、木などでつくられており、カラフルで個性的な形をしている。このルアーを使って釣るのがルアーフィッシングだ。

　ルアー（Lure）とは「誘う」「誘惑する」という意味を持つ言葉。ターゲットの種類、フィールド、天候などの条件から使うルアーを選び、ルアーを本物の小魚、虫などのエサや外敵などに見せかけて、誘惑し、仕留めるところにこのゲームの面白さがある。自分が選んだルアーに魚が食いつく瞬間を目の当たりにすれば、のめり込むこと間違いなし。

◆ ターゲットはどう猛なフィッシュイーター

　ルアーフィッシングの対象魚にはフィッシュイーターが多い。好奇心が旺盛で、大きな口でルアーに飛びついてくるため、他の釣りに比べると、よりスポーツ感覚に近い釣りが楽しめる。

◆ フィールドは無限大

　湖、野池、河川、海…。水のあるところならどこでもといってよいほどルアーフィッシングのフィールドは幅広い。ただし、河川や湖では禁漁期間がある魚や、禁漁区域が設けられている場合があるため、釣りに行く前に確認しておこう。

◆ 手軽なフィッシング

　必要なタックル（道具）はロッド（竿）、リール、ライン（糸）ルアーの4つ。これだけで誰でも簡単に楽しむことができるため、エサ釣りに比べて圧倒的に荷物が少ない。また、生きエサはちょっと苦手という人もルアーなら安心だ。

ルアーで魚が釣れるわけ

ルアーフィッシングのビギナーにとっては「味もにおいもないプラスチックや金属に魚が食いついてくるの？」と疑問に思うかもしれないが、ルアーで魚が釣れるのには3つの理由がある。

1つ目は、好奇心で食いつく場合。これは、リ・アクションと呼ばれる反射食いのこと。好奇心の強い魚はエサかどうかわからないが、見たこともない物体が目の前を通過していくとき、相手の正体を確かめるためにかみついてくる。2つ目の理由は、ルアーをエサだと思って襲う場合。ブラックバスを例にあげれば、好物のオイカワに似たミノーが目の前を泳いでいるのが見えたらブラックバスは何の疑いもなく食いついてくるというわけ。3つ目はルアーを敵として攻撃するパターン。これは魚のナワバリ行動を利用している。どう猛なフィッシュイーターはテリトリーに入ってきた敵を排除するためにかみついてくる。この瞬間を逃さずにハリにかけるのだ。

このように魚がルアーに飛びついてくるパターンはさまざま。どのようなルアーを選び、どのようなアクションを入れるかはまさに釣り人のテクニック次第となる。魚の気持ちをよく理解して、あの手この手で魚を誘惑してみよう。

ルアーを選ぶ ①

ルアーの種類

タックルの中で最も重要なアイテムがルアー。しかし、これ1つあればすべての状況で効果を発揮するというルアーはない。店頭に売られている数えきれないほどのルアーの中からその日の条件に合わせてルアーを選ばなければならない。それぞれのルアーはアクション、カラー、音、サイズ、材質、使用するレンジ（層）などが異なっているので、それぞれの特徴をよく理解して、ある程度の種類をいつもタックルボックスに入れておくようにしよう。

ルアーは、大きく2種類に分けることができる。1つはプラスチックや金属などの堅い素材でつくられた「ハードルアー」、もう1つはソフトプラスチックなど柔らかい素材でつくられた「ソフトルアー」だ。ハードルアーはフック（針）などがあらかじめセットされているため、そのまま使うことができるが、一方のソフトルアーはフックやシンカー（オモリ）を自分でセットし、リグと呼ばれる仕掛けをつくる必要がある。

◆ ルアーの分類

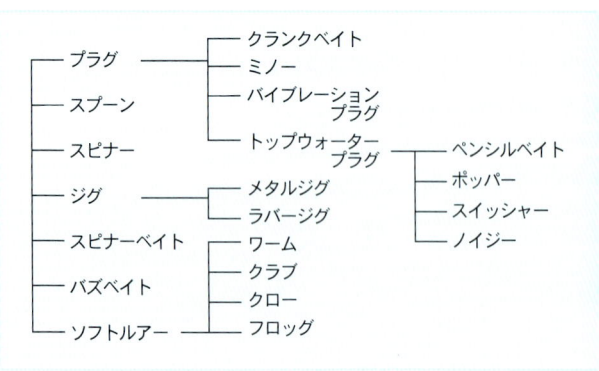

```
─┬─ プラグ ──────┬─ クランクベイト
 │              ├─ ミノー
 │              ├─ バイブレーションプラグ
 │              └─ トップウォータープラグ ──┬─ ペンシルベイト
 ├─ スプーン                                 ├─ ポッパー
 ├─ スピナー                                 ├─ スイッシャー
 ├─ ジグ ────────┬─ メタルジグ            └─ ノイジー
 │              └─ ラバージグ
 ├─ スピナーベイト
 ├─ バズベイト
 └─ ソフトルアー ─┬─ ワーム
                  ├─ クラブ
                  ├─ クロー
                  └─ フロッグ
```

ルアーのレンジ

　ルアーは材質やリップの形状などからおおまかな層が決められている。トップウォータープラグやフローティングミノーならば表層を、メタルジグやバイブレーションプラグならば底層といった具合だ。ターゲットの行動や食性に合わせて使うルアーを絞り込んでいこう。

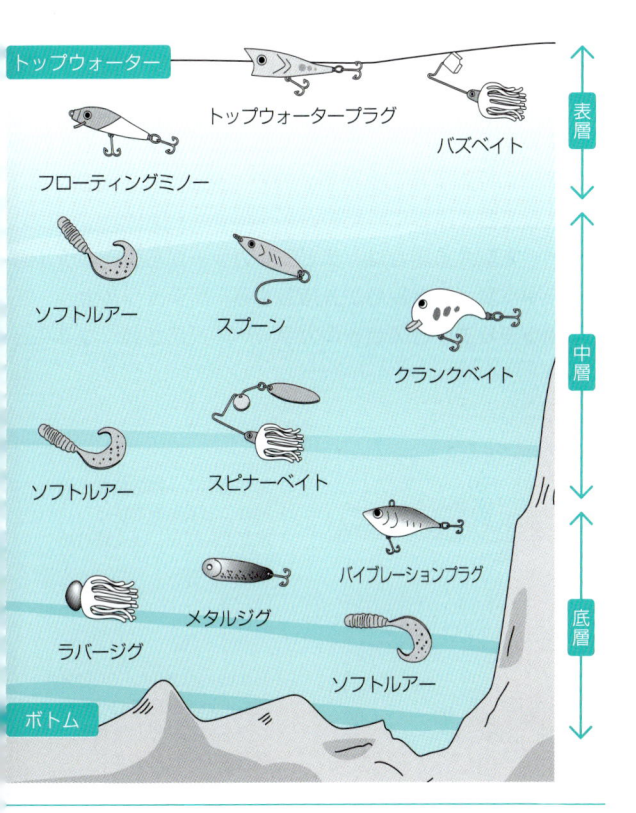

トップウォーター
トップウォータープラグ
バズベイト
表層

フローティングミノー
ソフトルアー
スプーン
クランクベイト
中層

ソフトルアー
スピナーベイト
バイブレーションプラグ
ラバージグ
メタルジグ
ソフトルアー
底層

ボトム

ルアーを選ぶ ②

ルアーのカラー

　ルアーのカラーは2種類に大別される。1つはベイトフィッシュに似せた「ナチュラルカラー」、もう1つは派手で目立ちやすい「アピールカラー」だ。天候、時間、水の色、ベイトフィッシュの種類などをヒントに、ケース・バイ・ケースで使い分けよう。

　一般的に夜間や悪天候の場合はアピールカラー、天気の良い日はナチュラルカラーが適している。同じように、水が濁っているときはアピールカラー、水が澄んでいるときはナチュラルカラーを選ぼう。その他、回遊魚などはキラめきのあるルアーに反応することが多いので、タックルボックスに1つは入れておくようにしたい。

　ルアーを変える場合は、アピールカラーからナチュラルカラーの順に変えると反応が長持ちする。ナチュラルカラーを先に使ってしまうとアピールカラーへの反応が鈍くなることが多い。

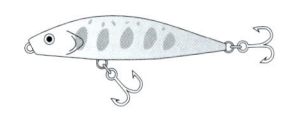

● ナチュラルカラー

エサとなる小魚の色など自然界にある地味な色合い。水が澄んだ日、よく晴れた日に使う。

● アピールカラー

イエロー、オレンジの蛍光色など派手な色でカラーリングされている。夜間や、悪天候の日に活躍する。

ルアーのサイズ

 大きな魚には大きなルアー、小さな魚には小さなルアーと考えがちだが、ブラックバスなどは自分と同じくらいの大きさのルアーに食いついてくるケースもあるため一概に言うことはできない。むしろ、ルアーのサイズを決定するポイントはベイトフィッシュのサイズだ。いつも捕食しているベイトフィッシュに形、大きさが似ていれば、魚は安心して食いついてくるというわけだ。

 また、活性の高い魚は大きめのルアーにもとびついてくるが、魚がスレてくるとなかなかアタックしてこない。そんなときはルアーをワンサイズ下げてみよう。スレた魚も小さなルアーならヒットさせることができるのだ。

 さらに、ルアーが着水するときの着水音も重要なポイントになる。水が澄んでいるときや、浅場での釣り、イワナやヤマメなどデリケートな魚がターゲットの場合は大型ルアーの大きな着水音は不利になることが多い。逆に、水中に濁りがある場合は大きな着水音が魚の関心を集めることもある。

 同じタイプのルアーでもサイズを変えて持っておくと応用が利く。

ルアーの音

 クランクベイト、バイブレーションプラグ、スイッシャー、ポッパー、ノイジーなどはそれぞれ独特の音を発するようにつくられている。音で魚の好奇心や闘争心を刺激する効果を狙ったもので、魚の活性が高い場合や夜間などには特に効果的だ。

スプーン

キラキラ光りヒラヒラ落ちる

　ルアーのルーツは300年程前のヨーロッパ。湖畔で食事をしていた人が偶然落としたスプーンに、大きな魚が食いついたことが始まりとされている。つまり、「スプーン」はルアーの元祖ともいえる形なのだ。その名の通りスプーンのような金属にフックをつけただけのシンプルなつくりで、トップウォーターからボトムまで幅広い層で活躍する。

　種類は細身のウィローリーフと幅の広いエッグシェルがあり、アクションに違いがでる。そのまま引いてきてもよいが、ストップ＆ゴーなどでルアーの動きに変化を加えることにより効果は倍増。ヒラヒラと沈むスプーンに魚が食いついてくる。

● **ウィローリーフ**
沈みが速くアクションが小さい。

● **エッグシェル**
沈みが遅くアクションが大きい。

◆ スプーンのアクション

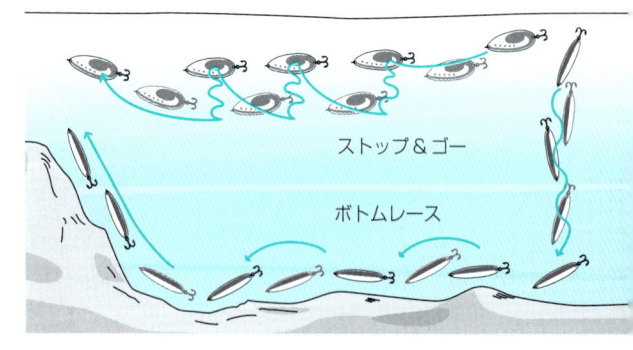

ストップ＆ゴー

ボトムレース

スピナー

ブレイドの回転が魚を誘う

スピナーにはブレイドと呼ばれる羽根がついており、水の抵抗を受けて回転する。このときのキラめきや振動が、魚たちを引きつける仕組みだ。派手なアクションになるため、ただ引くだけでもアピール力は十分だが、ストップ&ゴーでアクションに変化をつければ効果はより大きくなる。特に、流れのある場所やトラウト類（鮭鱒類）を狙う場合に有効なルアーだ。

ブレイドの幅は広いほどアピール度が高いが、その分浮きやすくなる。完全に浮いてしまう前に巻くスピードを落とし、狙ったレンジを攻められるように調節しよう。

ウィローリーフ
細みのブレードで水の抵抗を受けにくい。

インディアナ
コロラドとウィローリーフの中間。一般的なタイプ。

コロラド
水の抵抗を受け大きく回転する。浮き上がりやすい。

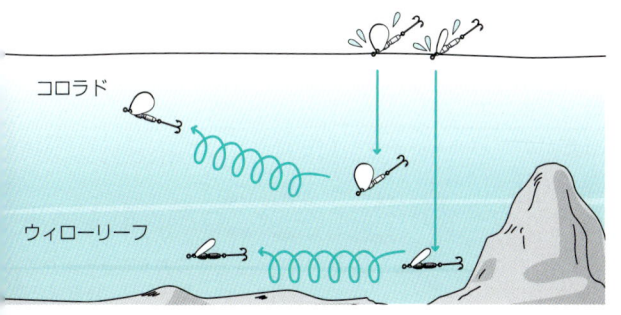

コロラド

ウィローリーフ

ミノー

弱った小魚を演出する

　ワカサギ、オイカワなどベイトフィッシュに似せたミノーは数あるルアーの中でも最も一般的なもので、ヒットの確率も高い。

　色、サイズとも豊富だが、大きくはフローティング、サスペンド、シンキングの3種類に分類される。中でも最もよく使われているのは水に浮かせるフローティングミノーだ。

★ フローティング

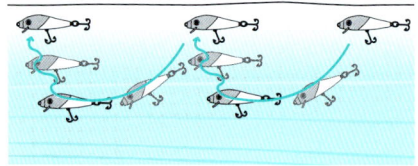

ルアーそのものに浮力があり、キャストした後に水面に浮いてくる。リトリーブすると潜る。

★ サスペンド

水と比重が同じタイプ。リトリーブを止めても、浮き上がらずに、その場にとどまる。

★ シンキング

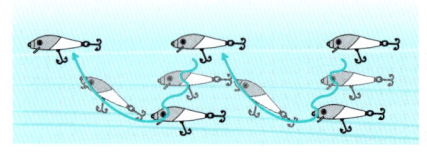

放っておくと沈んでいくタイプ。リトリーブによって浮き上がる。根がかりに注意が必要。

◆ ミノーのアクション

　ミノーのアクションは魚がヨタヨタと泳ぐ姿を演出するのが基本。ロッドワークやリーリングを工夫することで本物に近いアクションになる。ストレートリトリーブはもちろん、あおりを加えるジャーキングやトゥイッチングも効果的。特に活性が低いときは動きで刺激して誘ってみよう。

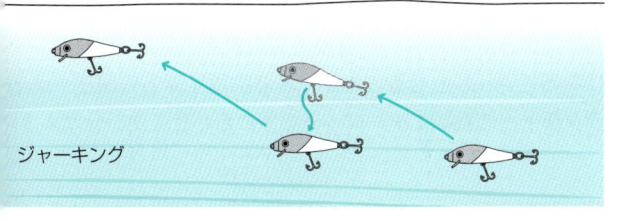

ジャーキング

トゥイッチング

◆ リップの形

　ミノーはリップの形状や角度によってもアクションが異なる。リップの丸いタイプは安定して泳ぎ、リップが台形のタイプは不規則なアクションになる。また、リップの長いタイプは一般的なものに比べ左右の動きが小さく、動きの鈍い魚に対して有効になる。

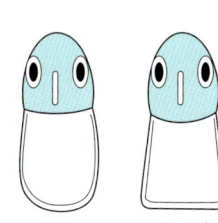

クランクベイト

ただ引くだけでも激しくアクション

　大きなリップにずんぐりと丸まったボディというユニークな形状をしたクランクベイト。バスフィッシングには欠かすことのできないルアーだ。

　クランクベイトはリップが大きいほど、水圧を受けて深く潜る。どの程度潜るかをあらかじめ知っておこう。潜水能力はリップの小さいシャローランナーで1mぐらい。ミディアムランナーで3〜4m。一番リップの大きいディープクランクになると4m以上潜ることができる。ポイントの深さ、ストラクチャーの種類、ターゲットの層に合わせて使い分けよう。

● シャローランナー
短いリップがボディの下に向かって伸びている。

● ミディアムランナー
シャローランナーよりリップが少し大きい。

● ディープクランク
大きなリップがボディの前方に伸びている。

◆クランクベイトのアクション

　短時間で広範囲を探る場合やバスの活性が高まっているときはストレートリトリーブでもよいが、ディープクランクならば水底や岩場などをボトムノッキングで狙ってみたい。大きなリップがボトムにぶつかったら、リーリングを止めてルアーを少し浮かせる。これをくり返しながらゆっくり探っていこう。他のルアーでは根がかりになりやすい場所でも、クランクベイトの大きなリップが根がかりを防いでくれる。

　シャローランナーは潜行させてから浮き上がらせるストップ＆ゴーが基本。リトリーブスピードとストップの時間を工夫することで、より効果的なアクションが生まれる。

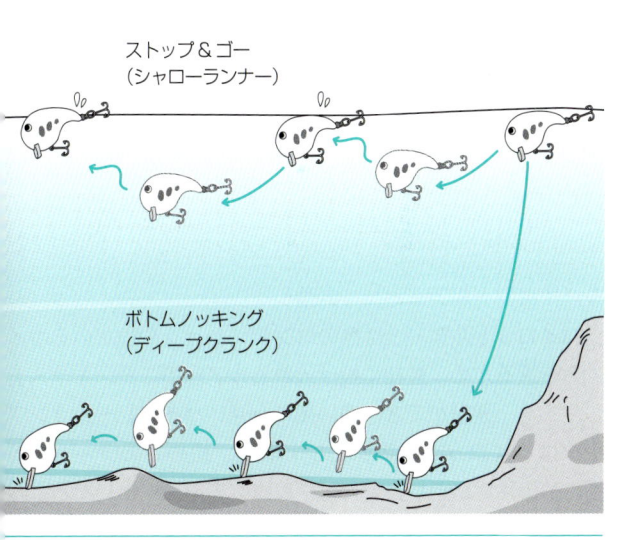

ストップ＆ゴー
（シャローランナー）

ボトムノッキング
（ディープクランク）

バイブレーションプラグ

強風に強く、遠投が可能

　タナゴを思わせるひし型のボディ。リーリングすると頭部の平らな部分に水の抵抗を受け、ボディを左右に細かく震わせながら泳ぐことからこの名前がつけられている。

　ボディにラトルと呼ばれる金属の玉が内臓されているタイプはジャラジャラと音を出しながら泳ぐ。音による誘い効果がプラスされ、水中に濁りがあるときや魚の活性が高いときは特に有効になる。ただし、魚がラトル音に慣れてしまうと、警戒心が強まりラトル音が逆効果になることもある。サイレントタイプと使い分けるほうがベターだ。

　層ごとにフローティングタイプ、サスペンドタイプ、シンキングタイプに分けられるが、最も使用頻度が高いのはシンキングタイプ。着水してすばやく引けば表層も狙える。

◆パイロットルアーとして最適

　パイロットルアーとは魚のコンディションや魚がいるポイントを探るため、最初に投げ入れるルアーのこと。キャストしやすく、遠投ができ、向い風にも強いバイブレーションプラグはパイロットルアーとして最適。初めてのフィールドや、魚の活性が低いときには一度試してみるとよいだろう。

◆バイブレーションプラグのアクション

ただリトリーブするだけでも、ルアーの起こす振動とラトル音に十分な誘い効果があるので、特にアクションを加える必要はない。ルアーが着水したらカウントダウン（P79参照）して狙う層まで沈める。あとはロッドを下に向け、一定のスピードで引いてリトリーブすればOKだ。できるだけ遠投をして広範囲を攻めるようにしよう。

シンキングタイプは中層から底層で泳がせるのが基本。しかし、いきなりボトムまで落とすと根がかりが起こりやすいので、まずは浅い層から狙い、序々に深い層を探るようにしよう。また、魚の活性が高い時期には表層近くまでエサを追ってくるので、こんなときは着水したらすぐにリトリーブを始めてみるのもよいだろう。

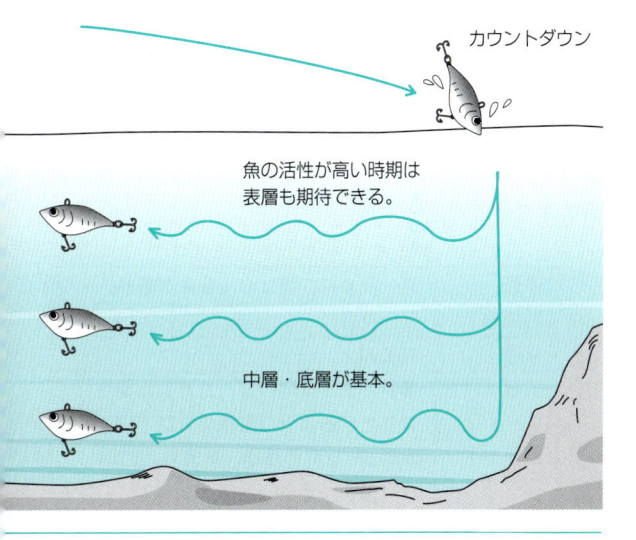

カウントダウン

魚の活性が高い時期は表層も期待できる。

中層・底層が基本。

トップウォータープラグ ①

水面を走るルアーが魚を誘い出す

　水面に浮くルアーでバスを誘い出すのがトップウォータープラグだ。水面を割ってとび出してくる魚の姿は迫力十分。他のルアーにはない興奮を味わうことができる。

　トップウォータープラグはペンシルベイト、スイッシャー、ポッパー、ノイジーの4種類に分けることができる。それぞれ効果的なアクションを加えることで、さらに個性的な動きをする。操作にはある程度のテクニックが必要だが水面のルアーの動きを確認しながら練習できるので上達も早い。

　トップウォータープラグはターゲットの活性や居場所を調べるパイロットルアーとして使ったり、激しく水面をアクションさせて魚の群れを誘きよせたりと使い方も幅広い。また、水面近くを泳ぐルアーは根がかりに悩まされないのもメリットの1つだ。

◆トップウォータープラグに適した条件

　トップウォータープラグは水面を泳ぐルアーだけに、深場にいる魚は対象になりにくい。他にもこのルアーで狙う場合はいくつかの条件がある。下の表を目安に魚が水面を意識する条件を選んでスリル満点の釣りを楽しもう。

季節	春〜秋まで。特に6〜8月が最適。
時間帯	朝、夕方。
水温	16℃以上。
天候	曇り、または雨の日。ただし水面を波立たせるような風雨の日は不向き。
ポイント	水深3m以内の浅場。あまり人のいない静かなポイントがベスト。

◆ペンシルベイト

　その名の通りペンシル（鉛筆）のように細長いルアー。シンプルなつくりで、ただリトリーブするだけでは何のアクションも起こさない。着水したら波紋が消えるまでポーズをとり、それから左右に首を振らせるのが基本だ。

　ペンシルベイトには水面で浮いたときの姿勢が水平に近いものと垂直に近いものの2種類があり、それぞれ得意とするアクションが異なる。

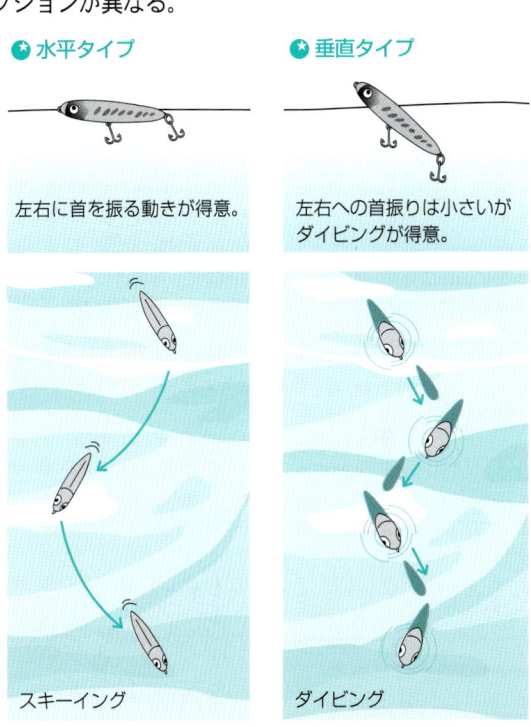

⚫ 水平タイプ

左右に首を振る動きが得意。

スキーイング

⚫ 垂直タイプ

左右への首振りは小さいがダイビングが得意。

ダイビング

トップウォータープラグ ②

◆スイッシャー

　プロペラがついたトップウォータープラグ。プロペラの回転によって起こる水しぶきと音で魚を誘う。

　スイッシャーには後部に１つだけプロペラをつけたシングルスイッシャーと、前後にプロペラをつけたダブルスイッシャーの２種類があるが、ダブルスイッシャーの方がより複雑な音になり、アピール度が高い。マズメ時（日の出、日の入前後30分程度）やわずかに波が見られる場合などはダブルスイッシャーがよいだろう。フィールドの状況を見ながら使い分けていこう。

★ シングルスイッシャー　　　★ ダブルスイッシャー

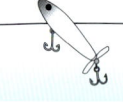

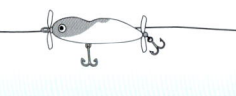

水面に斜めに浮く。左右に首を振る動きが得意。　　　水面に水平に浮く。長く引いて止める、が基本。

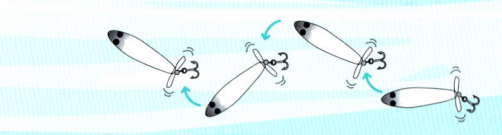

トゥィッチング（シングルスイッシャー）

ジャー　　ジャー

ストップ＆ゴー（ダブルスイッシャー）

◆ポッパー

　魚が口を開けたようなユニークな形をしたトップウォータープラグ。大きく開けた口が水の抵抗を受けると、カポッカポッという音を出し魚を誘い寄せる。

　ゆっくり引くだけでも効果があるが、軽くロッドをあおればより大きな音を演出できる。状況に応じて音の大きさを調節するようにしよう。

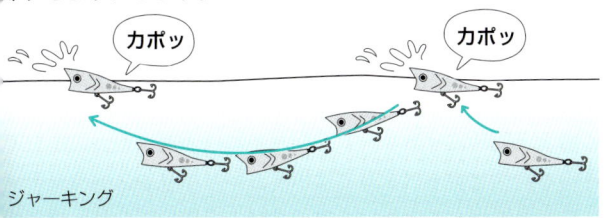

カポッ　カポッ

ジャーキング

◆ノイジー

　水面に落ちた昆虫の動きを模したトップウォータープラグ。頭部や側面についた抵抗板が、独特の音を出す。

　ルアー自体がすばらしいアクションをつくり出すので、ただ引いてくるだけでも十分な誘い効果があるが、リトリーブのスピードに変化を加えたり、ポーズを入れたりすれば一層効果的なアクションになる。着水したら長めにポーズをとってからリトリーブを始めるのがコツだ。

バシャ　バシャ　バシャ

ストレートリトリーブ

スピナーベイト

根がかりを恐れずガンガン攻める

　バスフィッシング専用に開発されたといわれるスピナーベイト。その不思議な形状からは想像もできないほど優れた効果を誇る。金属のブレイドが回転するときに起こる振動とキラめきで魚を引きつける。

　スピナーベイトの種類はスピナー同様、ブレイドの種類によってコロラド、インディアナ、ウィローリーフの３タイプに分けられる他、ブレイドが１枚のシングルブレイドと２枚のタンデムブレイドがある。タンデムブレイドの方が派手に動き浮上しやすい。

　着水と同時にリトリーブを開始すれば表層を狙うこともできるが、スピナーベイトではボトムギリギリやストラクチャーの周りを狙ってみたい。フックが上を向いており、根がかりしにくいという特徴があるため、他のルアーでは狙うことのできないブッシュやウィードも攻めることができる。

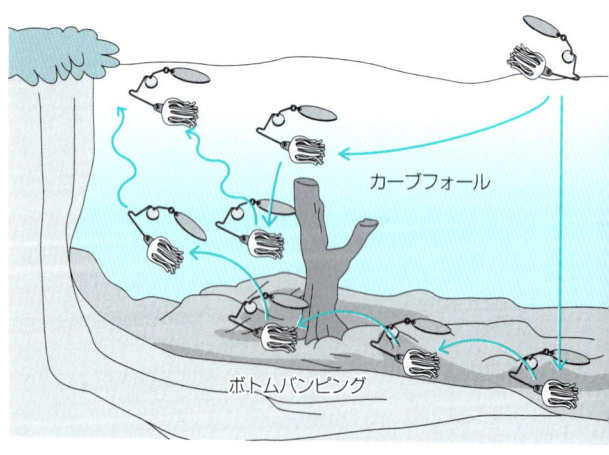

カーブフォール

ボトムバンピング

バズベイト

水しぶきがバスに強烈アピール

　金属やプラスチックのウイングを持ったバス専用ルアー。ウイングが回転し、水面をたたくときに発生する音と波紋で魚を誘う仕組み。簡単にいえば表層で使用するスピナーベイトだ。

　バズベイトの種類にはウイングが2枚のダブルウイングと3枚のトリプルウイングがある。トリプルウイングは浮力が高いため、ゆっくり引いても沈みにくい特徴がある。

　アクションはほとんどつける必要がないので、着水したらすばやくロッドを立ててリトリーブを開始する。いったん沈んでしまうと再びバズベイトを水面に浮かび上がらせるまでの時間をロスしてしまうので注意が必要。さらに、速すぎるリトリーブはバスが食いつくタイミングを失ってしまう。沈まない程度のスピードでゆっくり引いてこよう。

　また、スピナーベイト同様、ストラクチャー周りに強いのでウィードベッドやリリーパッドなど水面の近くまで伸びたストラクチャーをかすめるように泳がせるのもよい。

メタルジグ

水深のあるポイントで効力を発揮

　鉛やステンレスなどの金属の板にフックをつけただけのシンプルなルアー。小魚に似せたものから表面に光るシートが貼られているものまで色や形はさまざま。いずれも重量があるため遠投ができ、沈下スピードが速いのが特徴。主に海で使われることが多いが、バスフィッシングでも水温が低い冬から春の季節に底層を狙う釣りには効力を発揮する。

　メタルジグ自体はアクションを起こさないのでロッドワークでアクションをつけよう。ポイントの真上からルアーを垂直に落とし込んでから、ロッドを上下させルアーをジグザグに踊らせるバーチカルジギングやロッドをシャクりながら引いてくるジャーキングもいい。

　ただし、メタルジグは根がかりが多いのが難点。ロッドに重みを感じても、魚か根がかりかをロッドで確かめてアワセを入れるようにしよう。

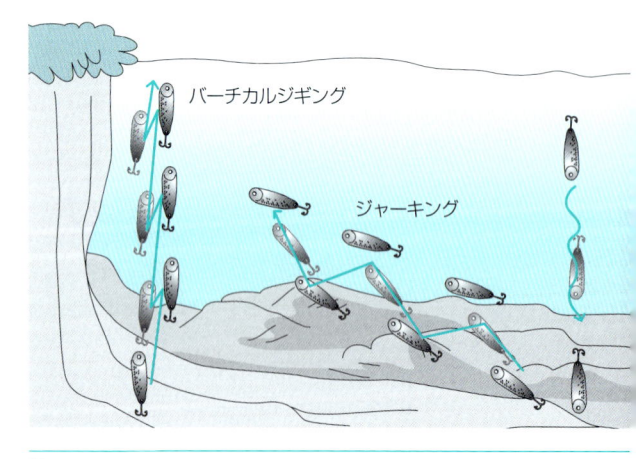

ラバージグ

スカートが強力な武器

　オモリのついたフックにラバースカートを巻きつけたシンプルなスタイルのルアーがラバージグだ。動きを与えるとラバーがフワフワと水中を漂い魚を誘う。

　ウィードガードのついたタイプは根がかりが少なく、アシや消波ブロックなどのストラクチャーの中も攻めていける。フリーフォールでボトムまで落とし込んだらボトムバンピングで探ってこよう。一方、ウィードガードのないタイプはオープンウォーターや魚の食いが渋いときに有効だ。

　ラバージグは単体で使用することが少なく、通常グラブやポークリンド（豚の皮と脂身）を装着して（トレーラーとよぶ）、アピール度をアップさせる。魚のエサとなるザリガニやエビ、小魚をイメージしてトレーラーを使い分けよう。

🟢 **ラバージグ+ウィードガード**　　🟢 **ラバージグ+グラブ**

ウィードガード　　　　グラブ

ボトムバンピング

ソフトルアー ①

色、形などバリエーションが豊富

　ソフトプラスチックやゴムなど軟質素材でできた柔らかいルアーで、ワームと呼ばれるのが一般的だ。ミミズの形状をしたものから、ザリガニ、エビ、イモリなどに似せてつくられたものまでありバリエーションが豊富。近年では塩をまぶしたソルティタイプや味、においのついたものまである。トップウォーターからボトムまで使え、さらに季節、天候、ポイントに制限されることもない。ソフトルアーは種類の豊富さと使い勝手の良さで抜群の人気を集めているルアーなのだ。

　基本的なリグ（仕掛け）のつくり方さえマスターすれば、これほど頼もしいルアーは他にないだろう。ビギナーならまず、最初の1匹をソフトルアーで狙ってみよう。

◆ ソフトルアーの種類

ストレート

ソフトルアーの原形。ミミズに似た形状でボトムをはう小刻みな動きが得意。

カーリーテール

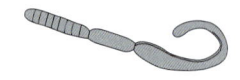

テールの部分をカールさせたルアー。水の中でヒラヒラと動く。

グラブ

芋虫のような体型にヒラヒラと揺れるテールをつけたルアー。

チューブ

中が空洞で浮力が高い。水中で円を描きながら落ちるスパイラルフォールが特徴。

🌀 パドテール

テールが平たくなっている。湖沼のボトムをハゼのように動かすと効果的。

🌀 クローフィッシュ

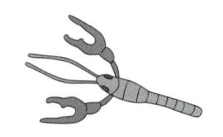

ザリガニに似せたルアー。トレーラーとして使われることが多い。

I　基本

リグ

　ハードルアーとは異なりソフトルアーにはフックなどがついておらず単独では使えない。まずはリグと呼ばれる仕掛けをつくり、釣りができるようにセッティングする。

　しかし、ストラクチャーに強いもの、より魅力的なアピールをするものなど、リグもまたルアーと同じようにさまざまな種類がある。ルアーとの適正を考えてリグをつくることが大切だ。

◆ リグに必要な小物類

フック　ルアーの大きさやリグの種類によって種類、大きさを選ぼう。

スイベル　イトヨレを防ぐ金具。キャロライナリグで使用する。

ワームシンカー　ブレッド(弾丸)型が多い。中心に開いた穴にラインを通す。

スプリットショット　切れ込みの入った小型シンカー。カミツブシオモリ。

ビーズ　シンカーと組み合わせで使用し、音で魚にアピールする。

ペグ　シンカーをとめるときに使う。短く切ったつま楊枝でも代用可能。

ソフトルアー ②

◆フックのセット

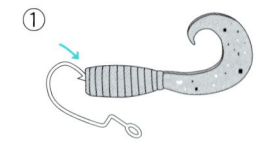

① フックの先端をワームの頭の中心部分に刺す。

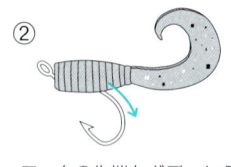

② フックの先端をボディから出す。

③ フックを回転させてまたボディに差し込む。

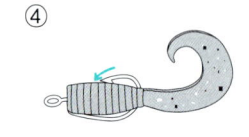

④ ハリ先をボディに埋めると、根がかりを回避できる。

◆テキサスリグ

 ほとんどのストラクチャーに対応できる基本的なリグ。シンカーがフックに近く重量があるためキャストしやすく、ストラクチャーに対しても強い。他のリグでは狙えないような場所でもガンガン攻めることができる。通常シンカーは移動式のものを使用するが、ストラクチャー周りを狙う場合はシンカーがストラクチャーに絡まないように、シンカーの穴にペグを刺して固定する。

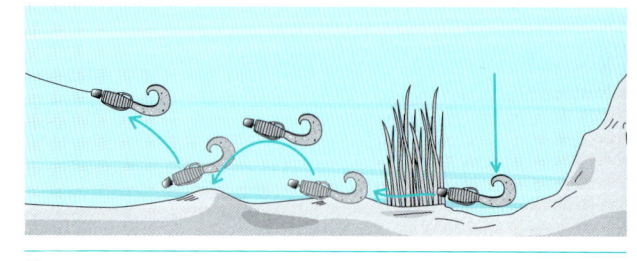

◆キャロライナリグ

　シンカーとフックが離れているのでルアーがより自然な動きになる。ピンポイントを攻めるのには向かないが、広い範囲を探ったり、魚がスレているときには効果的。シンカーの重量によってライトキャロ、ヘビキャロと呼び分ける。

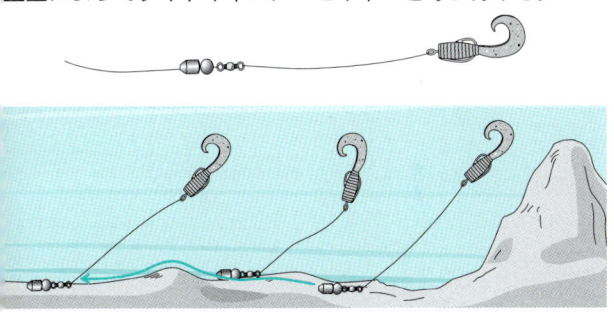

◆ノーシンカーリグ

　シンカーを使わずワームにフックをセットしただけのシンプルなリグ。主に水面を泳がせるように使い、リーリングを止めればゆっくりと沈む。魚が口に食わえたときの違和感がないため吐き出されにくいが、アタリがわかりづらいのが欠点。

ソフトルアー ③

◆スプリットショットリグ

　スプリットショットをシンカーに使う。これをラインにかませるだけなのでセットは簡単。状況に応じて、シンカーの重さやリーダー（フックとシンカーの間隔）の長さは自由に変えることができる。ピンポイントで狙うときはリーダーは短く、広範囲を探る場合は長くとるのが基本だ。

　シンカーが軽く、少し引いただけでも浮き上がるが、いったんルアーが沈むのを待ってから次のアクションを入れる。

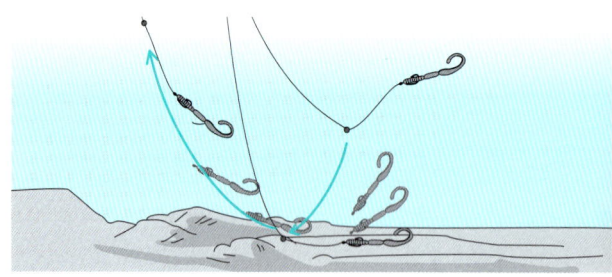

◆ダウンショットリグ

　スプリットショットのフックとシンカーを逆にセットした形。ワームを中層にキープして引くことができる。また、リーダーの長さを変えてやれば、狙った層でワームを操作することも可能になる。

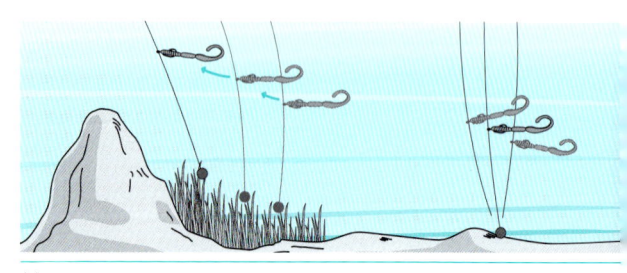

◆ジグヘッドリグ

シンカーとフックが一体となったジグヘッドをラインに直結しただけのシンプルなリグ。なんといってもセットが簡単なのがうれしい。ポイントに正確にキャスティングしやすく、また、ロッドに加えたアクションがルアーに敏感に反応するという特徴がある。さらに、ジグヘッドについたシンカーの形によっても種類が分かれているので、それぞれの性格をつかんで使い分けることができる。

ジグヘッドリグのアクションはスイミングが中心。一定のタナをキープしてリトリーブを行うのがコツ。この他ボトムバンピングやフォーリングも効果的だ。

● ラウンドヘッド

一般的なタイプ。

● ウィードガードつきラウンドヘッド

ラウンドヘッドに根がかり防止用のブラシをつけたもの。

● フットボールヘッド

根がかりしにくい。着定時の安定性も高い。

ロッド ①

ロッドの種類

　ロッド（竿）は長さやつなぎ方、パワーなどによりさまざまなバリエーションがあるが、大きく分ければベイトロッドとスピニングロッドの2種類である。違いはグリップ（握る部分）を見ればわかる。グリップが真っすぐなスピニングロッドに対して、ベイトロッドにはトリガーと呼ばれるピストルの引き金のような突起がついている。

　スピニングロッドはスピニングリールとの組み合わせで使用する。細いラインを使用して軽いルアーを投げるのが一般的だ。トラウトからシーバスまでターゲットの範囲も広い。また、ロッドのしなりを使ってキャストするのであまり力を必要とせず、ライントラブルも少ない。ビギナーが持つ最初の1本には、スピニングロッドを選ぼう。

　一方のベイトリールと組み合わせて使うベイトロッドは太めのラインを使って、大物とのやりとりを楽しむ釣りに向いている。主にバスフィッシングに使われることが多い。

◆ロッドの部位と名称

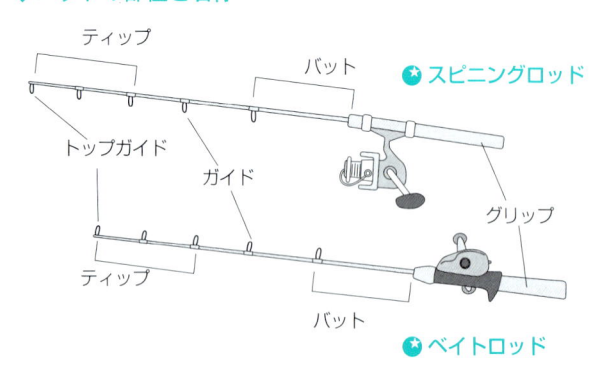

ロッドのテーパー

テーパーとはロッドのしなり具合のことである。大きく分けるとロッドのティップ（穂先）の近くで曲がるファーストテーパー、バット（胴）の部分で曲がるスローテーパー、その中間で曲がるミディアムテーパーの3種類だ。

ファーストテーパーは、ルアーにアクションをつけやすくアタリにも敏感な高感度ロッド。アワセを入れたときにもフックが魚の口に刺さりやすい特徴がある。ただし、ティップで魚の動きをすべて受け止めるためバレやすいのが欠点。

スローテーパーはルアーをコントロールしやすく、魚とのやり取りを楽しめる。アタリはロッドに吸収されてしまい取りづらく、ハリがかりもしにくいが、ひと度フックにかかってしまえばバレることは少ない。

テーパーはターゲットや使用ルアーによって使い分けが必要だが、ビギナーには難しい選択になるので、最初の1本はミディアムテーパーを選ぼう。

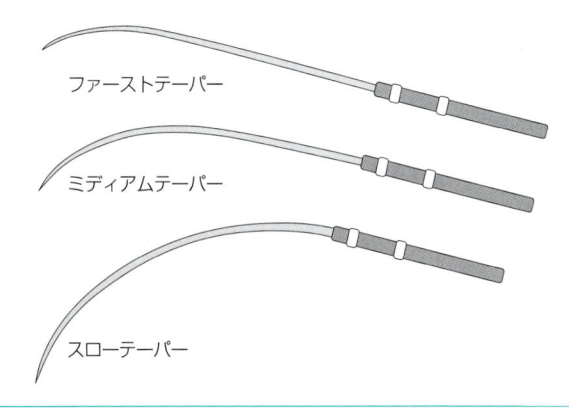

ファーストテーパー

ミディアムテーパー

スローテーパー

ロッド②

ロッドのパワー

　パワーとはロッドの硬さや強さを示している。ウルトラライトは軽いルアーを細いラインで使う。一方のヘビーは太いルアーと太いラインを使う。ロッドを選ぶときはまずターゲットを決め、使いたいルアーとそれを投げるためのラインの太さを考え、それに合ったロッドを選択する。ビギナーが初めて使う1本はライトからミディアムまでがコントロールしやすくオススメだ。

　多くのロッドにはブランク部分（本体の穂先と根元の中間）に長さ、硬さ、適正なルアーの大きさ、適正なラインの太さなどの記載があるので購入前にチェックしておく。右のような表示の場合は0.8〜7gのルアーと4〜8ポンドのラインが適正。

Length 6'0" Lure 0.8~7g Line 4~8lb.
Code no 856729 Made in Japan

◆ロッドのアクションとライン・ルアーの適正

	パワーアクション	適正ライン	ルアーの重さ	適正ルアー
やわらかい ↕ かたい	ウルトラライト	2~6Lb	2~7g	小型スピナーワームなど
	ライト	4~8Lb	5~14g	小型プラグなど
	ミディアムライト	6~10Lb	6~15g	ほぼすべてのルアー
	ミディアム	8~14Lb	6~18g	トップウォータープラグクランクベイトなど
	ミディアムヘビー	12~16Lb	8~28g	大型クランクベイトなど
	ヘビー	16~20Lb	10~35g	メタルジグなど

つなぎとグリップ

I 基本

 ロッドの構造にもさまざまなタイプがある。つなぎのないワンピースロッド、2本以上に分かれるツーピース以上のロッドがある。

 ワンピースロッドはロッドに継ぎ目がないため丈夫で、調子もよいものが多いが短くならないのが難点。それに対しツーピース以上のロッドは持ち運びが便利。電車釣行などではロッドをケースに入れて持ち運ぶことができる。ただし、キャストをくり返すと継ぎ目がずれてくることがある。その他、振り出し式のテレスコピックロッドもあるが、こちらも持ち運びには便利な反面、アクションではやや劣る。

 グリップは片手でキャスティングするシングルハンドの他に両手でのキャスティングに向いたセミダブルハンド、ダブルハンドがある。小さなルアーを使うときや、細かくアクションを加えたいときはシングルハンド。重いルアーを使う場合やロングキャストを必要とする場合はダブルハンドがよいだろう。一般的にダブルハンドはソルトウォーターで使われることが多い。

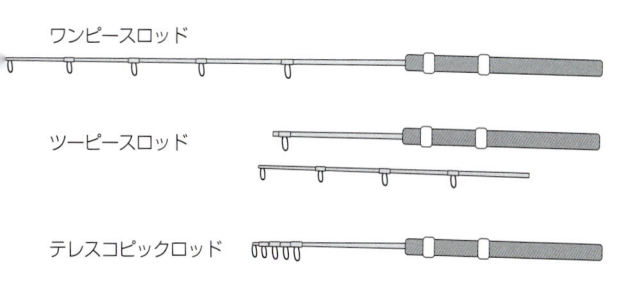

ワンピースロッド

ツーピースロッド

テレスコピックロッド

リール

性能が釣果を左右する

　リールはルアーを遠くに投げ、ラインを巻き取る役目を果たしているが、もちろん単なる糸巻き機というわけではない。大物とのファイトに合わせてラインを送り出すドラグ機構やスプールの回転を制御するブレーキシステムなど、釣り人のテクニックを助ける働きも持っている。

　1日にキャストする回数が100回を超えるルアーフィッシングの場合は、この回数に耐えうる頑丈なリールが必要。また、重量や扱いやすさもリールを選ぶときの重要な要素になる。使用書には性能や能力が細かく記載されているので目を通しておこう。リールの性能は値段に比例しているので、長く使うためには1万円以上のものを選ぶようにしたい。

　ルアーフィッシングに使われるリールは2種類。1つはほとんどの釣りに対応できるスピニングリール。もう1つはバスフィッシングなどの大物釣りに適したベイトリールだ。

◆リールの部位と名称

●ベイトリール

- スプール
- メカニカルブレーキ
- ハンドル
- マグネットブレーキ（遠心力ブレーキ）
- スタードラグ
- レベルワインダー

●スピニングリール

- リールフット
- クラッチ
- ベイルアーム
- ラインローラー
- フロントドラグ
- スプール
- ハンドル

リールのメカニズム

◆ドラグ

　一定以上の負荷がかかったとき、スプールが空回りしてラインが出ていく仕組み。ドラグを締めると出ていくラインのスピードを抑えられる。

　ビギナーは目一杯締めてしまうことが多いが、これでは大型の魚がヒットしたときにラインが切れてしまう。スピニングリールのドラグ調整はフロントドラグで、ベイトリールのドラグ調整はスタードラグで行う。使うラインのポンド表示の 1/3 〜 1/4 が調節の目安になる。

◆ギア比

　ハンドルが 1 回転したときのスプールの回転数を表す。リール本体に「4.75：1」という表示がある場合はハンドルが 1 回転すると、スプールは 4.75 回転することを意味する。ギア比が高いほど高速回転になり、低ければ遅くなる。その分、ラインを巻き上げる力はギア比が低い方が大きくなる。

◆ブレーキシステム

　ベイトリールは元来、バックラッシュ（スプールにラインが巻きついてグシャグシャになる状態）が起こりやすいという欠点があったが、マグネットブレーキ（または遠心力ブレーキ）やメカニカルブレーキでスプールの回転を制御することにより、キャスティングがしやすくなっている。

　マグネットまたは遠心力ブレーキは磁力や遠心力を使ってスプールの回転を制御するシステム。メカニカルブレーキはキャスト時にルアーがゆっくり落ちていく程度にセットしておく。

Ⅰ 基本

スピニングタックル

ビギナーならスピニングで決まり

ルアーフィッシングではほとんどの場合スピニングロッドにスピニングリールの組み合わせが使われている。ハンドルを回すとベイルが回転しラインを巻き上げ、ベイルを起こすとラインを出すことができる。遠投性が高く、ラインが出ていくときの抵抗が少ないため軽いルアーを楽にキャスティングできる。また、スプール（糸巻き）が回転しないため、バックラッシュも少ない。一方で、縦方向に引かれたラインを横方向に巻きつけるという構造上、ベイトタックルよりも巻き上げる力が弱く、ラインがヨレやすいという欠点もある。

全体的に見れば扱いが簡単でほとんどの釣りに対応できることから入門にはちょうどよいタックルといえる。

◆スピニングタックルのホールド

スピニングタックルは利き腕の中指と薬指の間にリールフットを挟んで持つ。軽く握ることが大切。

◆キャストの準備

人差し指にラインを引っ掛けて、ラインを固定してからベイルを起こす。

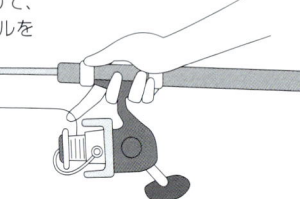

ベイトタックル

使いこなせば強力な武器に

　ベイトロッドにベイトリールの組み合わせで、主にバスフィッシングで使用する。ハンドルを回すとスプールが回転しラインを巻き上げる仕組みになっている。ラインが出る方向とスプールの回転軸が直角なためラインがヨレる心配はなく、巻き上げる力も強い。ただし扱いには多少テクニックが必要で、慣れないうちはバックラッシュが頻繁に起こる。少し練習をしてコツをつかめば、サミング（P67参照）でバックラッシュを防ぎ、さらにルアーも狙ったポイントに落とすことができるようになる。重いルアーと太いラインを使って大物とのファイトを楽しめるのはベイトタックルならでは。使いこなせば強力な武器になるはずだ。

◆ベイトタックルのホールド

手の平でグリップを包みこむように持つ。トリガーに人差し指をかけ、親指をスプールの上に軽く乗せる。

◆キャストの準備

親指でスプールを押さえたままもう一方の手でスプールレバーを押し、そのままリールを横に倒す。

ライン

釣り人と魚をつなぐ糸

　ロッドやリールとともに重要なタックルの1つに数えられるのがラインだ。まさに釣り人と魚をつなぐ糸になるためその役割は重要。

　理想的なラインの条件には細くて強度がある、耐久性がある、柔らかく巻きぐせがつきにくい、摩擦に強い、伸びにくいなどが挙げられる。釣り具店には理想に近づけたさまざまなラインが売られている。代表的な3種類を用途に合わせて使い分けるとよいだろう。

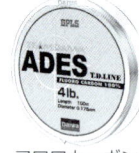

ナイロン　　　フロロカーボン　　　PEライン

◆ラインの種類と特徴

	メリット	デメリット
ナイロン	●値段が安い。 ●扱いやすい。 ●軽くて沈みにくい。	●耐久性がない。 ●感度があまりよくない。
フロロカーボン	●伸びが少なく高感度。 ●劣化しにくい。 ●水中で目立ちにくい。	●巻きぐせがつきやすい。 ●値段がやや高い。 ●アワセたときに切れやすい。
PEライン	●伸びがなく超好感度。 ●劣化しにくい。 ●巻きぐせがつかない。	●値段が高い。 ●結束強度が弱い。

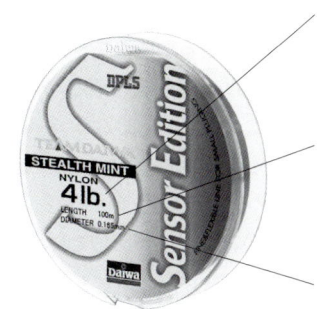

🟢 ラインの強度

そのラインが耐えられる重さ。ルアー用はポンドで表される。

🟢 ラインの長さ

巻いてあるラインの長さ。メートル、ヤードで表示される。

🟢 ラインの直径

ラインの平均の直径。ミリで表示されることがほとんど。

◆ラインの強度表示

ルアーフィッシング用のラインは号数表示ではなくポンドテスト表示になっている。例えば「8Lb.test」とあれば8ポンドまでの重さにまで耐えることができるということ。1ポンドは約0.45キログラムだから、3.6キログラム以上の負荷がかかるとラインが切れることを意味している。

バスフィッシングならベイトタックルで10Lb、スピニングタックルで8Lb、湖のトラウトなら8Lb、防波堤のシーバスなら10〜12Lbがおおよその目安となる。

Lb	号数	直径(mm)
3	0.8	0.142
4	1	0.165
5	1.2	0.185
6	1.5	0.205
8	2	0.235
10	2.5	0.260
12	3	0.285
16	4	0.330
20	5	0.376
22	6	0.405
25	7	0.435
30	8	0.470
35	10	0.520
40	12	0.570

※メーカーによって異なる。直径はおおよその太さ。

ウエア＆グッズ①

ウエア

　釣行時のウエアは動きやすく、釣りやすい服装であれば専用のものでなくてもかまわない。スポーツ感覚で楽しめるルアーフィッシングではそれに適したオシャレなウエアを着用しよう。特に、ウインドブレーカーは実用性とファッション性を兼ね備えたウエアとしてスタイルを決定づけるアイテム。ファッショナブルで色鮮やかなウエアに身を包めば、ウキウキした気分で釣りを楽しめるにちがいない。

　ただし、大自然の中で行う釣りは、安全面にだけは注意しよう。冬場は防寒対策を、夏場は日焼け対策を万全にしておくこと。急激な天候や気温の変化にも対応できるレインコートなども用意しておこう。ボート釣りや足場の悪い場所での釣りにはライフジャケットを着用する。

◆シーズン別フィッシングスタイル

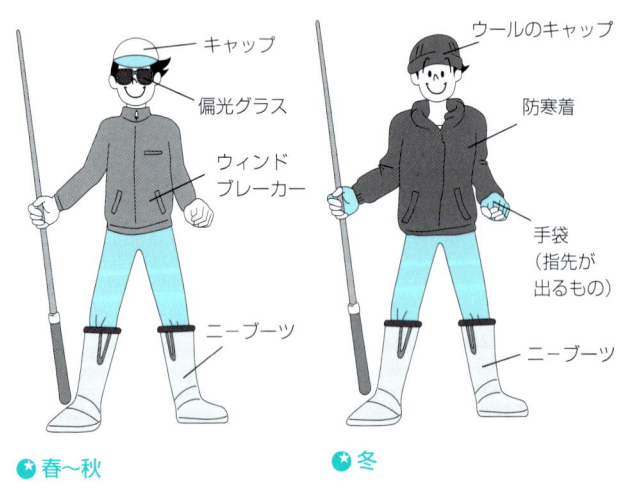

春〜秋:
- キャップ
- 偏光グラス
- ウィンドブレーカー
- ニーブーツ

冬:
- ウールのキャップ
- 防寒着
- 手袋（指先が出るもの）
- ニーブーツ

収納具

ルアーフィッシングは多くのポイントをテンポよく探る釣りであるため、両手一杯に荷物を抱え釣り場を歩いているようでは釣果を伸ばすことは難しい。まずは必要なものをデイパックに収納しておこう。重いものはデイパックの下に、よく使うものはデイパックのポケットやウエストバックに入れておくと便利だ。

また、ルアーもビギナーのうちこそ少ないものの、釣行回数が増えるにつれて、天候や時間により使い分ける重要さがわかってくる。そうなると、さまざまな条件に合わせたルアーが必要なため、大型のタックルボックスを準備したい。使いたいものが一目でわかるように分類し、タックルボックスに入れて持ち運ぶのが便利。できればメインとなる大型のものと、携帯用の小型のものを1つずつ用意するのが理想的だ。

少し荷物にはなるが、ロッドの保護を考えるならロッドケースを使用したい。衝撃に強く、ワンピースロッドでも安心して持ち運べる。

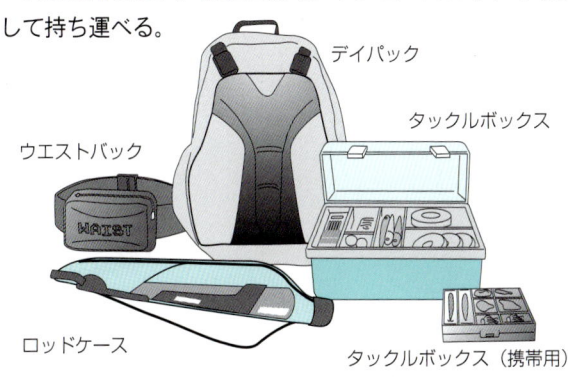

デイパック
タックルボックス
ウエストバック
ロッドケース
タックルボックス（携帯用）

ウエア＆グッズ②

グッズ

　ルアーフィッシングに必要なタックルはロッド、リール、ライン、ルアーの4つだが、これはやはり最低限にすぎない。実際に釣りを始めてみると必要と思われるものがいくつか出てくる。釣った魚をキープしておくものもほしいし、水中の様子を見えやすくする偏光グラスもあったら便利だ。ルアーフィッシングをより便利にしてくれる小物類が実はたくさんある。これらを使いこなして快適に釣りを楽しもう。

　ただし、あれもこれもと詰め込んでいると、たった1日の釣行で山のような荷物になってしまうので行こうとしているフィールドや釣ろうとしているターゲットに合わせて必要なものを選んで使おう。

◆フィッシンググッズの種類

✪水温計

水温は魚の活性を知る目安。ヒモを通して深い場所の水温も計る。

✪偏光グラス

紫外線から目を守るだけでなく、水中の様子が見えやすくなる。

✪ラインカッター

ラインを切るときに使う。すぐ手の届くところにつけておく。

✪プライヤー

魚の口からフックを外したり、フックのカエシをつぶすときに使う。

🟢 虫よけ

虫が多くなる夏場の釣行には忘れずに持っていきたい。

🟢 医療品セット

アクシデントに備えて頭痛薬、消毒液、バンソウコウは入れておく。

🟢 フレキシブルライト

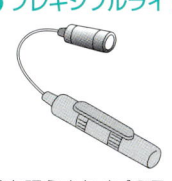

近くを照らすタイプのライト。予備の電池も忘れずに持っていこう。

🟢 ヘッドライト

両手が自由に使え、夜釣りでの作業がスムーズになる。

🟢 メジャー

釣った魚を測るためのもの。目盛りが明確なものがよい。

🟢 ビニール袋

飲食物を入れておけるし、帰りはゴミ入れとして使える。

🟢 ランディングネット

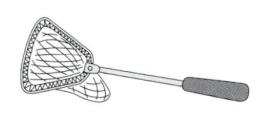

大型の魚を取り込む道具。取り込み口が広い方がキャッチしやすい。

🟢 クーラーボックス

氷を入れ魚の鮮度を保つ。キャッチ＆リリースを考えないなら必要。

I 基本

セッティング

前日までの準備

　朝、早起きしてちょうどよい時間にフィールドに到着しても、準備にまごついていては好機を逃してしまう。ラインをスプールに巻くなどは釣行の前日まで済ませておきたい。

◆スプールにラインを巻く

　ヨレたラインはスプール上で変型してしまい、強度が低下してしまう。これを防ぐためには、最初にラインを巻きつけるときに正しくスプールに巻くこと。スプールにラインを巻くときはベイルアーム、スプールの方向に真っすぐになるように巻き込む。

★スピニングリール

★ベイトリール

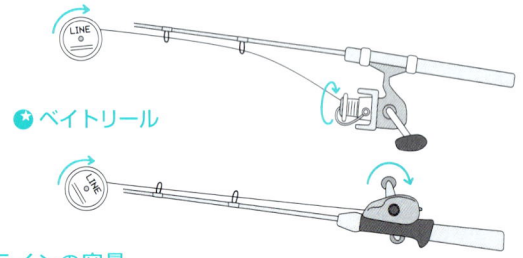

◆ラインの容量

　通常スプールには「4lb／150m」というように何ポンドのラインが何m巻けるかが表示されている。ラインの量が多すぎるとバックラッシュの原因になり、逆に少なすぎると飛距離が出ない。スピニングリールなら容量の90％、ベイトリールなら70〜90％を目安にラインを巻き込む。新品のラインは50mあれば十分で、始めに使わなくなったラインを下巻きしておくと経済的だ。

フィールドでの準備

タックルの組み立てはロッドを継ぎ、リールをセットし、ラインをガイドに通すのが順序。この手順を間違えると破損の原因になるのでしっかり覚えておこう。

◆ロッドを継ぐ

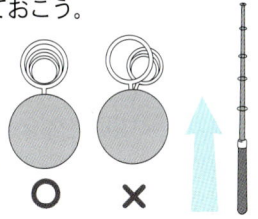

継ぐときはティップの方から継ぎ、抜くときはバット部分から抜くのが基本。ジョイント部分を奥まで差し込み、ガイドが真っすぐになるように組み立てる。最後に手前からのぞき、ガイドが真っすぐになっているかをチェックしておく。

◆リールをセットする

リールをロッドに固定する形式はグリップを回して締めるスクリュータイプと、リングをスライドさせて固定するスライド式がある。スライド式は途中でずれてくることがあるので、ときどきチェックが必要。

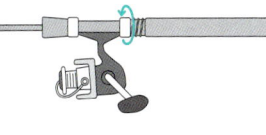

スクリュー式 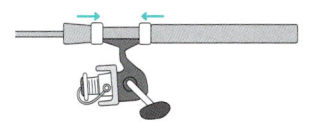　　　　　　　スライド式

◆ラインをガイドに通す

スピニングリールの場合はベイルを起こしラインを出し、一番下のガイドから順番に通していく。ベイトリールの場合はまずクラッチを切って、ラインをフリーにしてレベルワインダーからラインを通す。

結び方 ①

基本となる4つの結び

　釣りをする上で欠かせないのが結び。せっかくヒットしても結びが悪いと、ラインがほどけて魚を逃してしまうことになる。そうなる前に簡単で丈夫な結び方を覚えておこう。

　基本となる結びはクリンチノット、フリーノット、ブラッドノット、ユニノットの4つ。それぞれの特徴をよく覚えて釣り場の状況や用途によって使い分けよう。ライン同士を結ぶときは仕上がりが真っすぐで丈夫なブラッドノットがよい。クリンチノット、フリーノットはルアーとラインを結ぶときに使う。抵抗のかかるルアーのときはクリンチノットで頑丈に、ミノーやバイブレーションのときにはフリーノットで結ぶとルアーの動きを生かすことができる。ユニノットは簡単で素早く結べる最も基本的な結び方。スプールに結んだりライン同士を結んだりと用途は幅広い。他の結び方に慣れないうちは、これを使うとよいだろう。

　なお、ナイロンラインは摩擦に弱いため、どの結び方の場合も最後に水で湿らせてから、きつく締めるようにする。

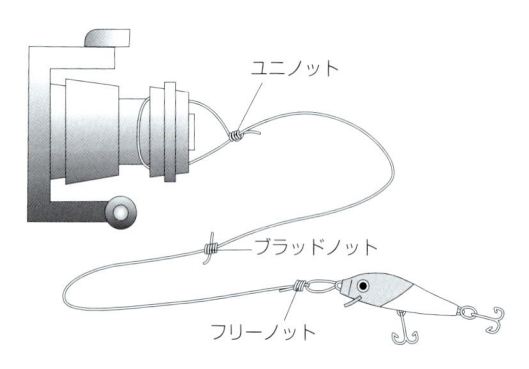

◆ラインとルアーを結ぶ（クリンチノット）

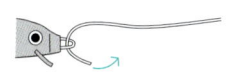

I 基本

①ルアーのアイにラインを通し折り返す。

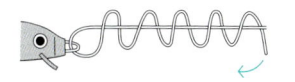

②4～5回、元のラインにねじるように巻きつける。

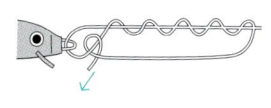

③先端をアイの際にできた輪に通し、次に折り返してできた輪に通す。

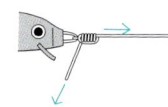

④先端と元のラインを同時に引いて締め、余分なラインをカットする。

◆ラインとルアーを結ぶ（フリーノット）

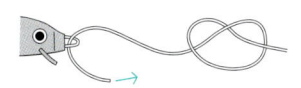

①最初に小さな輪をつくり、アイにラインを通す。

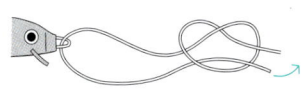

②最初につくった小さな輪にラインを通す。

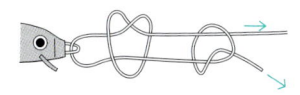

③もう一回、ラインで輪をつくり両方を締める。

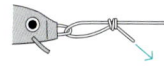

④先端をゆっくり締めて両方の結び目を1つにする。

結び方 ②

◆ラインとラインを結ぶ（ブラッドノット）

①2本のラインを重ねる。

②一方のラインをもう一方のラインに3回ほど巻きつける。

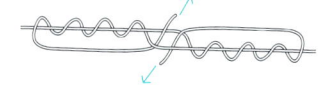

③同様に反対側も同じように巻きつけ、まん中の輪に通す。

④ラインの両端をゆっくりと引いて固く締める。

◆ラインとラインを結ぶ（ユニノット）

①2本のラインを重ねる。

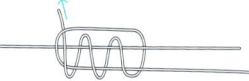

②一方の先端を折り返して輪をつくり2〜3回くぐらせ、締める。

③同様にもう1本のラインも輪をつくり2〜3回くぐらせ、締める。

④2本のラインを同時に引き、締める。

◆ラインとルアーを結ぶ（ユニノット）

I 基本

①アイにラインを通し、輪をつくる。

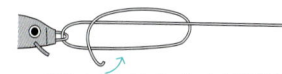

②輪の中にラインをくぐらせる。

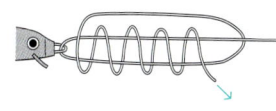

③4～5回巻きつけたらゆっくりと締める。

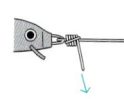

④余分なラインを切る。

◆ラインとスプールを結ぶ（ユニノット）

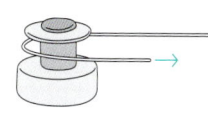

①スプールにラインを通す。

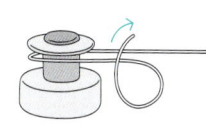

②ラインの先端を折り返し輪をつくる。

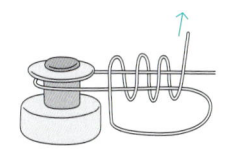

③輪の中にラインを3～4回通す。

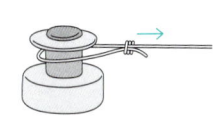

④先端を引き、次に元のラインを引いてしっかり締め、余分なラインを切る。

キャスティング ①

キャスティングをマスターしよう

　キャスティングにおいて重要とされるのは飛距離よりも正確さ。いくらいいルアーを使っていても魚がいるポイントに正確に投げ入れなければヒットさせることは難しい。まずはキャストの正しいフォームを身につけよう。

　数あるキャスト方法のうちで、最も多用するスタイルがオーバーヘッドキャストだ。コントロールがつけやすく、飛距離も出しやすいため、このキャスト法をマスターしてしまえば、ルアーフィッシングを楽しむことができる。ただし、障害物があり、思うようにキャストできない場合もあるので、そんなときのために他のキャスト法もマスターしておく方がベターである。

　また、キャストはただ力任せに投げ入れればよいというものではない。肩の力を抜き、ロッドのしなりと手首のスナップをきかしてコンパクトに投げるのがコツだ。

◆ルアーのセット

スピニングタックル

10〜15cmのタラシ

10〜15cmのタラシを取るように調整する。軽いルアーを使う場合はやや長めにすると飛距離のロスが少ない。

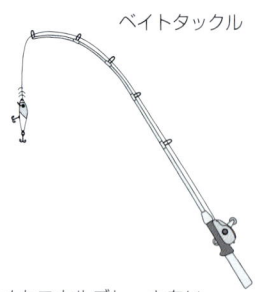

ベイトタックル

メカニカルブレーキをいっぱいに締めてルアーをつけ、そのルアーがゆっくり落ちていく程度にブレーキを調整する。

◆リリースのタイミング

キャスティングではラインを押さえている指を離すタイミング（リリース）に注意しよう。リリースが早すぎるとルアーがフライ状に上がってしまい、逆に遅すぎればルアーが手前の水面をたたきつけて魚を驚かせてしまう。

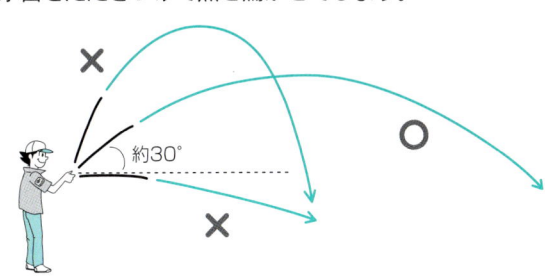

Ⅰ 基本

◆サミング

サミングとはキャスト時にラインの出方を調整するテクニックだ。ルアーが飛びすぎてしまったときはサミングをして、ルアーの落ちる位置をコントロールしよう。また、サミングにはバックラッシュを防いだり、着水音を抑える効果もある。強すぎず、弱すぎず、経験からその度合いを学ぼう。

スピニングリール

ルアーを飛ばしたあと、人差し指をスプールに軽く当てて、回転を抑えていく。

ベイトリール

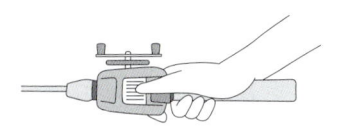

親指でスプールを軽く押さえる。バックラッシュを防ぐための重要なテクニック。

キャスティング ②

◆オーバーヘッドキャスト

　すべてのキャスティングの基本であるとともに、最も使用頻度が高いキャスト法。ビギナーならまず最初にマスターしたい。背筋を伸ばし脇を締めた構えから、真っすぐ振り上げて真っすぐ振りおろすだけ。ロッドのしなりを利用して、反動で飛ばすようにするのがコツだ。

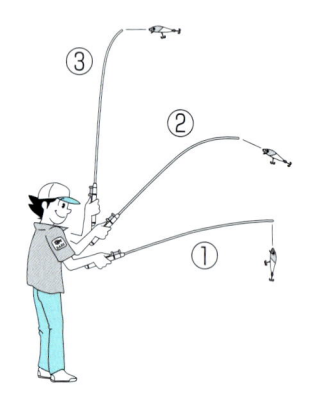

①目標に向かって真っすぐに立って構える。ラインを人差し指に引っかけ、ベイルアームを起こす。

②脇を締めて、ロッドが真上にくるように振り上げる。

③手首を後ろに曲げるようにロッドティップを垂直より少し後ろに立てる。

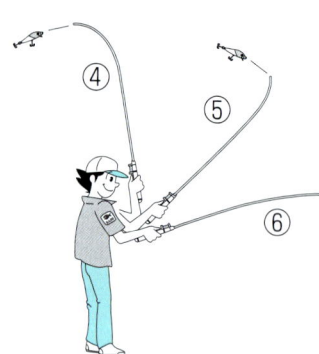

④ルアーの重みを感じた瞬間スナップを利かせて振りおろす。

⑤ラインを指から放す。

⑥リリースしたらロッドを止めて、ルアーの飛んでいく方向を見る。着水するまで目を離さないこと。

◆サイドハンドキャスト

　オーバーヘッドキャストを横で行うのがサイドハンドキャストだ。頭上に木の枝などが張り出しているときや、高く投げると木にひっかけてしまうときなど、オーバーヘッドキャストで攻められない場所で威力を発揮する。強風のときもサイドハンドキャストの低い弾道は風の影響を受けにくい。

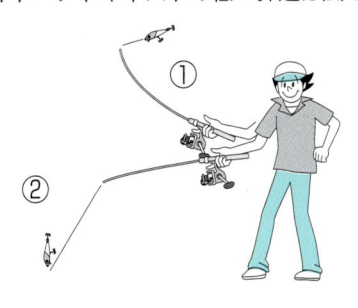

①小さなバックスイングから、脇を締め、ひじを支点にロッドを振る。

②ロッドを前に押し出すように軽くルアーを投げ込む。

頭上に障害物があるとき

水面を覆う木の下を狙うとき

キャスティング ③

◆バックハンドキャスト

サイドハンドキャストをバックハンドで行う方法。頭上や体の右側に障害物がある場合に用いる。ルアーをコントロールしにくいため周囲の安全を確かめてからキャストしよう。

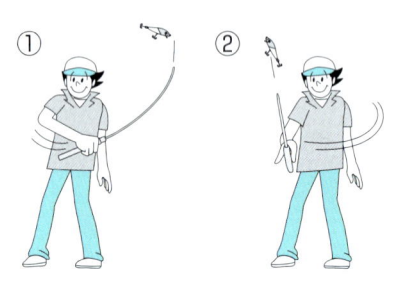

①利き手の反対側にロッドを構え手首を返してロッドを振り出す。

②ロッドの弾性を利用してルアーを飛ばす。何度も練習してリリースのポイントをつかもう。

◆フリッピング

バスフィッシングで開発されたテクニック。あらかじめポイントまでの長さのラインを出しておき、振り子のようにルアーを飛ばす。静かに着水できるため警戒心を抱かせる心配はないが、狙えるのはロッドの2倍程度の距離までだ。

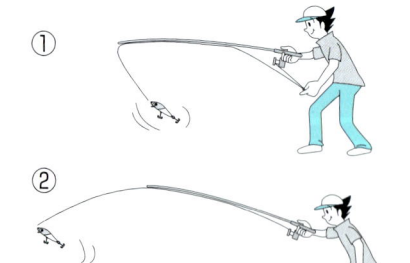

①ポイントまでのラインを出して、ロッド操作と反対側の手で持つ。

②ロッドを上下してルアーを振り子のようにスイングさせ、ルアーが前方に行ったときにラインを放す。

◆ピッチング

飛距離は出ないものの正確で静かなキャスティング。低い弾道でルアーを飛ばすことができるため着水音が小さく、透明度の高い湖でも警戒されることなくルアーを投げ入れることができる。ルアーを手に持つときはフックに注意しよう。

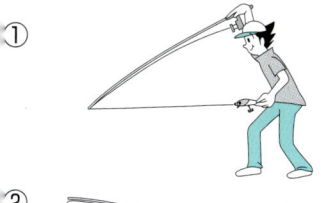

①
①ラインを長めに出してルアーを持ち、ロッドをしならせる。

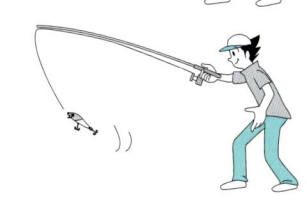

②
②ロッドを振り上げると同時にルアーを放しロッドの反発力を利用してキャストする。

◆スキッピング

水面に張り出した木の下や桟橋の下にルアーを投げ入れるときに使う。飛び石の要領でルアーを飛ばし、水面をスキップさせてポイントに届ける。ノーシンカーリグなどで行うのがやりやすい。

サイドハンドで構えたロッドを素早く振り抜き、ルアーを鋭い角度で水面に当てる。

Ⅰ 基本

リトリーブ ①

アクションを加えながら巻いてくる

ポイントにルアーをキャストしたら、リールでラインを巻き取ってこよう。中にはルアー自身が水の抵抗を受けて勝手にアクションを起こすものもあるが、釣り人が意図的にアクションを加えるのがルアーフィッシングの基本。リーリング（リールを巻くこと）やロッドワーク（ロッドを動かすこと）によってアクションを加えれば、ルアーは魅力的な動きをしてくれる。

それぞれ、どのルアーにどのテクニックが最適かを考え、アクションを工夫してみよう。基本となるテクニックを覚えてから自分なりのアクションを試してみたい。

◆ストレートリトリーブ

アクションを与えず、単純に真っすぐ巻いてくるだけの方法。特に難しいテクニックは必要なく、バイブレーション、クランクベイトなどルアーの形状、材質によってはストレートリトリーブだけでも独特のアクションを生み出すものもあるのでビギナーでもヒットさせやすい。ゆっくり巻いてみたり、速く巻いてみたりと、ルアーの動きに変化をつけてみよう。棒引きとも呼ばれる。

◆ストップ&ゴー

引いてきたルアーを止めたり、また引いたりして誘うアクション。ほとんどのルアーで使用できるアクションの基本だ。またルアーの特性によっても効果が変わる。フローティングタイプはストップのときに浮き上がり、ゴーで沈む。それに対してシンキングタイプはストップで沈み、ゴーで浮き上がる。

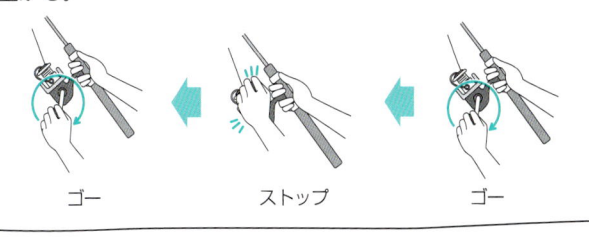

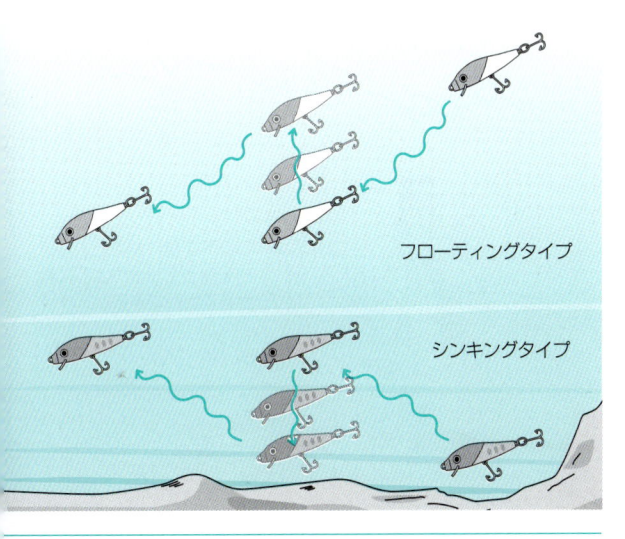

ゴー　　　　　ストップ　　　　　ゴー

フローティングタイプ

シンキングタイプ

リトリーブ ②

◆トゥイッチング

　ロッドをチョンチョンと小刻みにあおって、不規則なアクションをつける。ストレートに引いてもなかなか反応しないときに有効な手段だ。

　あおったときに出るラインのたるみを巻き取りながら行う。トゥイッチングの合間にルアーを止め、魚が食いつくタイミングをつくるのも効果的だ。主にプラグに使われることが多く、特にミノーでの活用が抜群。

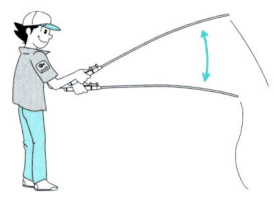

ロッドを下げたときに出るたるみを取りながらあおる。リズムよく軽やかに。

ロッドを横に振ると、ルアーを弱った小魚のように見せることができる。

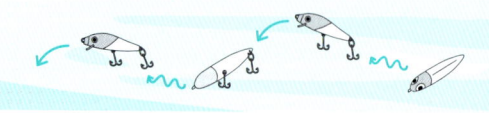

◆ウォーキング・ザ・ドッグ

あちこちににおいをかぎながら散歩する犬の姿を連想させるアクション。主に表層で使われる。ルアーは左右に首を振りながら泳ぐ。ロッドの力がダイレクトに伝わらないようにラインを少したるませておくとスムーズなアクションになる。

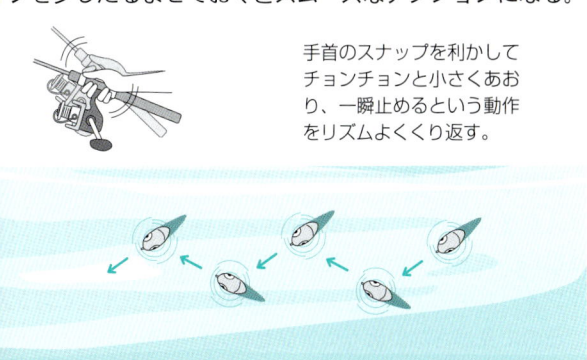

手首のスナップを利かしてチョンチョンと小さくあおり、一瞬止めるという動作をリズムよくくり返す。

◆スキーイング

ウォーキング・ザ・ドッグと同じ動きをより大きくしたアクションがスキーイングだ。スキーをするように滑らかに左右にスライドさせよう。

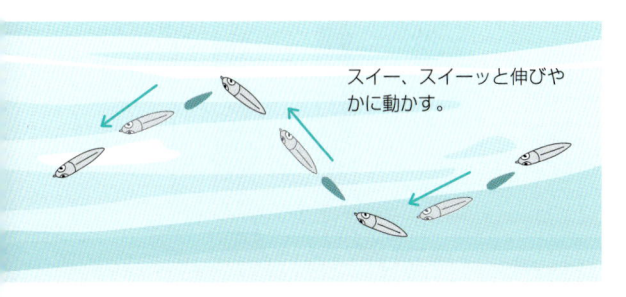

スイー、スイーッと伸びやかに動かす。

リトリーブ ③

◆カーブフォール

　ルアーを落とし込むテクニックをフォーリングという。カーブフォールとは着水後、ラインを放出せずにテンションをかけたままにしておくと、ルアーは水中を弧を描くように落下していき、ストラクチャーに対して横方向から攻めるテクニック。攻める深さもキャストする距離で自由に決められる。ラインにテンションがかかっているのでアタリは明確に伝わる。

◆フリーフォール

　杭やロープなど縦のストラクチャーの際を狙って正確に投げ入れるコントロールが要求される。キャスト後はラインを放出し、ストラクチャーに添って真っすぐに落とし込む。

　フォール中にアタリがあったときは水面のラインに変化がでるので見逃さないようにアワセを入れよう。

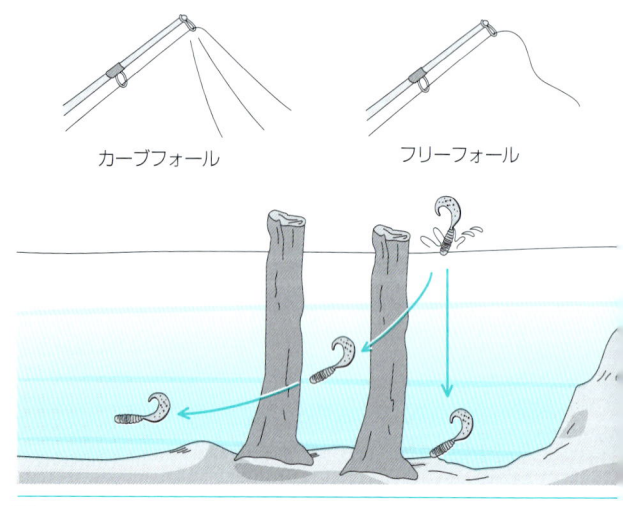

カーブフォール　　　　　フリーフォール

◆バーチカルジギング

　メタルジグなどのルアーを真上から落とし込み、ロッドをシャクってルアーを踊らせながら上げてくる。桟橋や橋げたなど垂直に立ったストラクチャーの際を狙う場合に有効。

◆リフト＆フォール

　フリーフォールでルアーをボトムまで沈めたら、ロッドを立ててルアーを持ち上げる。立てきったら再びロッドを前に倒しルアーをボトムに沈める。イトフケをとってから次のリフトへ。

◆ジャーキング

　ラインを張ったまま、ロッドを大きくあおり、ロッドを戻しながらラインを巻き取る。素早く激しいアクションを加えることでルアーは不規則に動く。あおりを小さくするとトゥイッチングの動きに近くなる。

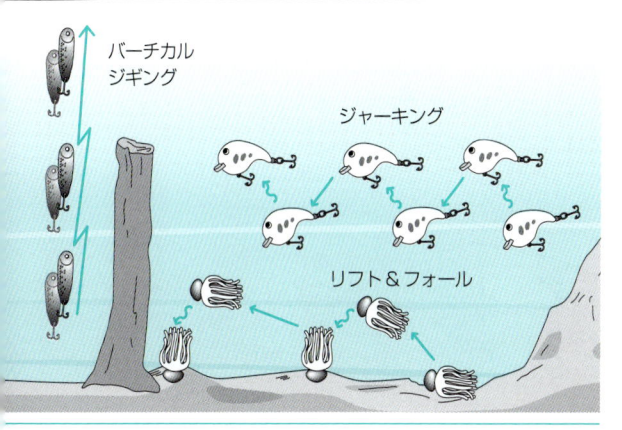

リトリーブ ④

◆ボトムクロール（ズル引き）

　ソフトルアーを使う場合のテクニック。ルアーが着底したらボトムから離さないようにゆっくりとロッドを立て、ルアーをはわせる。手に伝わる感覚でゴロタ石、水草、カケアガリなどボトムの状況をイメージしながら引いてくる。わかりにくい場合は横にさばくようにロッドを引くとボトムを感じやすい。

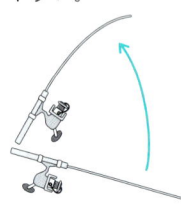

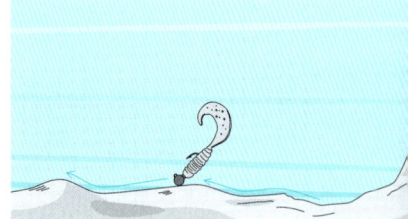

◆ボトムバンピング

　シンキングタイプのルアーをキャストしたあと、ボトムに着いたのを確認してからロッドをシャープにあおってルアーを持ち上げる。その後素早くリールを巻きたるみをとる。リズミカルに動かすことで、ボトムをピョンピョンと跳ねているように演出する。

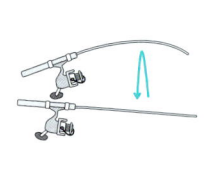

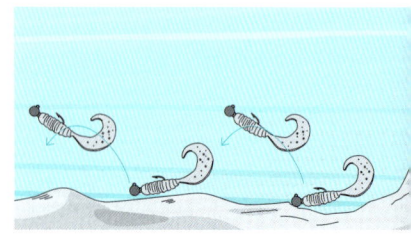

◆シェイキング

　ボトムに変化のある場所でロッドティップを小刻みに動かしルアーを震わせるテクニック。活性の低い魚に対して、本物のベイトフィッシュの動きに見せて誘うことができる。ルアーの位置はなるべく同じ場所を保ち、手前に寄ってきてしまう場合はシンカーを少し重めのものに変えてみよう。

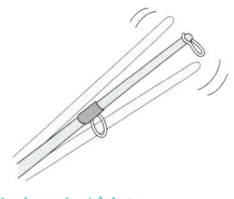

◆カウントダウン

　狙ったタナにルアーを泳がせるテクニック。着水してからボトムに着くまでの時間を数え、深さの目安をつくる。例えば、着底までに8秒かかった場所なら着水から4秒後が半分の深さになる。頻繁にタナを変えて魚の居場所を探し、アタリがあれば、そのタナを集中的に探ってみよう。

　ただしルアーの重さなどで沈むスピードが異なるのでルアーを替えたら、もう一度時間を計り直すことが必要だ。

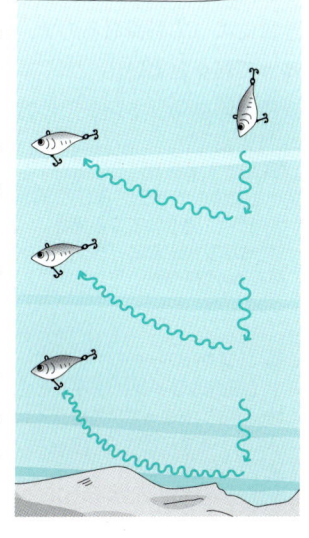

フッキング

魚の口にフックをかける

　アタリを感じて大きくロッドをあおるときはフィッシングで最も興奮する瞬間。このとき魚の口に確実にフックを引っかけるテクニックがフッキングと呼ばれるものだ。

　リトリーブをくり返しているうちに、気がついたらかかっていたということもたまにはあるが、これは「魚を釣った」というよりは「魚が釣れた」と言った方が正しい。魚のアタリを自分でつかんでアワセる。このテクニックをつかんでこそ、本当の釣りの楽しみを味わえるといっても過言ではないのだ。

　フッキングの仕方は一般的に細いラインを使用するソフトルアーの場合と、太いラインを使用するハードルアーの場合の2種類を覚えておけばよいだろう。その他、魚の大きさや性質によっても異なるので、あらかじめターゲットの特徴を知っておくとよい。

◆基本的なフッキングの仕方

- ハードルアー
  （太めのライン）を使う場合

  太いラインを使っている場合は一気に力を込めて、大きくあおる。脇を締め、グリップを胸に引きつける。

- ソフトルアー
  （細めのライン）を使う場合

  細いラインを使っている場合はロッドを横にさばく。少しずつ力を込めていき、リールを巻きながら徐々に強めていく。

ファイティング

繊細に、かつ大胆に寄せる

　ファイティングはフックにかかった魚を確実にキャッチするためのテクニックだ。小型の魚ならば普通にリールを巻いてくればよいが、大型の魚はそう簡単にいかない。フッキングしたとはいうものの魚はまだ元気いっぱいで、なんとか自由になろうと深く潜ったり首を振ったりと、ものすごい力で逃れようとしてくる。そんなとき、一気に寄せようと力任せにリールを巻くとあっという間にラインを切られてしまう。また、悠長にロッドを高く構えたままにしていると魚がジャンプしたとき、フックが外されてしまうこともあるので要注意だ。

　ルアーを食わえた魚が水中を泳いでいる間は無理にリールを巻かず、止まったところでロッドを倒しながら少しずつリールを巻き魚を寄せてくる。何回かくり返すうちに魚が疲れてくるので、難なく取り込みに成功するはずだ。また、魚がジャンプしそうになったら素早くロッドティップを下げてリールを巻く。こうすることで魚は下へ引っ張られジャンプしづらくなるのだ。

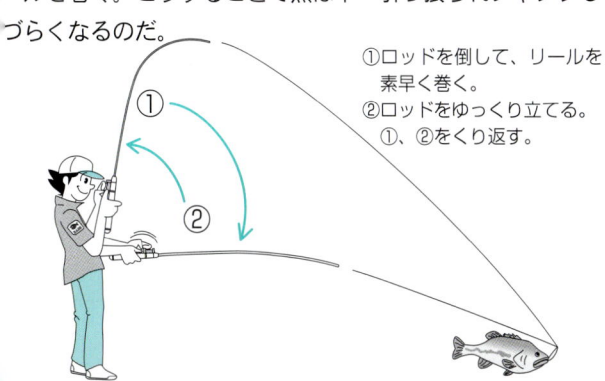

①ロッドを倒して、リールを素早く巻く。
②ロッドをゆっくり立てる。
①、②をくり返す。

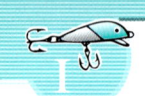

ランディング

魚を手にする最後の難関

　手元に寄せてきた魚を取り込むことをランディングという。ここで魚をバラしてしまってはせっかくの苦労も水の泡になってしまうので、慎重に行おう。ランディングにはネットランディング、ハンドランディング、抜き上げという3つの方法がある。

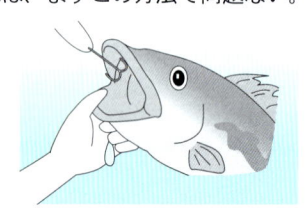

　まず、細いラインを使っている場合やフックのかかりが浅いときはネットランディングがよい。ネットで追いかけ回すのではなく、水中に入れたネットに魚を誘い込むようにするのがコツ。魚がネットの上に来たときにすくい上げる。リリースを前提とするならば体表を痛めないゴム製のネットがよい。

　ハンドランディングは、魚の口に親指を入れ下あごをつかむ方法だが、この方法は危険がつきまとう。特にトリプルフックを使う場合は、魚が暴れたりするとフッキングしている以外のフックで自分の手を傷つけることがあるので注意が必要。また、鋭い歯を持つ魚では絶対にやらないこと。

　抜き上げはカツオの1本釣りのようにロッドのパワーで引き抜くベイトタックル専用の方法。太いラインを使っている場合や30cm以下の魚であれば、まずこの方法で問題ない。

ネットランディング　　　　ハンドランディング

リリース

なるべく早く水に戻してやろう

　主にバスフィッシングなどではキャッチ＆リリースをするのが一般的。しかし、キャッチ＆リリースは元気な状態で魚を放流することが原則。弱り切った魚を水に戻しても、湖を汚すことになり逆効果になってしまう。まずは正しいリリースの仕方を知っておこう。

　魚を手で扱う上で特に注意しておくことは魚の表面の粘液を傷つけないようにすること。乾いた手でべたべた触っていると魚を弱らせてしまうので、ランディングの際は水でぬらした手で魚体をやさしく握り、素早くフックを外し、速やかに水に戻す。水中で魚体をやさしく支え、自然に回復して泳ぎ出すまでそのまま待とう。また、リリースを前提とするならばカエシのないバーブレスフックがオススメ。フックをのみ込まれてしまった場合も取り外しが簡単だ。

　写真を撮るために手に持つ場合も同じように手を十分にぬらしておくこと。魚をどこかに置いて撮影する場合はその場所を水でぬらしておき、手際よく撮影しよう。

　また、近年ではリリースを禁止するフィールドも増えてきている。その場合は地域の取り決めに従うようにしよう。

トラブル解消法 ①

◆根がかりしてしまったら

　リトリーブの途中で、仕掛けが止まって動かなくなってしまった場合は根がかりとみてほぼ間違いない。ルアーが石の間に挟まった場合や、フックがストラクチャーに刺さった場合などいろいろなパターンが考えられるが、いずれも無理に引っ張らず次の方法を試してみよう。

　まず、ラインのテンションを保ったままロッドティップを上下させる。左右に場所を移動して違う角度からロッドをあおると外れやすい。それで外れなければ、ラインを手に持ってロッドが曲がる程度までラインを引っ張り、パッと離す。これでも外れなければ、もうラインを切るしかない。ハンカチを当ててラインをつかんで強く引っ張る。なるべく高い位置で引っ張ると、ルアーとの結び目でラインが切れるためロスが少ない。そこから新しいラインを巻き直そう。

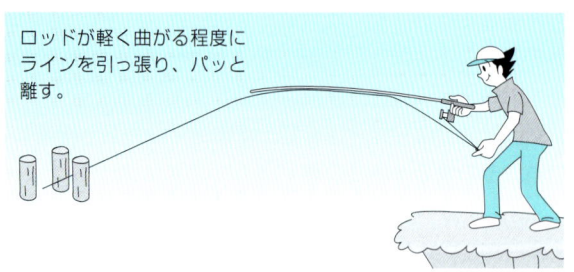

ロッドが軽く曲がる程度にラインを引っ張り、パッと離す。

◆おまつりしてしまったら

　おまつりとは仕掛けが他の人と絡んでしまうことで、釣り人の多い釣り場ではついやってしまいがちだ。両方で引っ張ると絡みがひどくなるので、どちらかがラインをゆるめ、もう一方の人がラインを巻き上げるとほどきやすい。

◆バックラッシュしてしまったら

ベイトリールは慣れれば大変使いやすいリールだが、バックラッシュが多いためビギナーにはやや扱いづらい。しかし、起こった絡みを簡単に直す方法があるので知っておけばベイトリールも恐くない。

バックラッシュはスプールの回転速度がルアーのラインを持っていくスピードを上回るために起こるもの。つまりスプールに巻かれている下糸がゆるんでいる状態のことだ。下糸のゆるみをとることでバックラッシュは解消される。

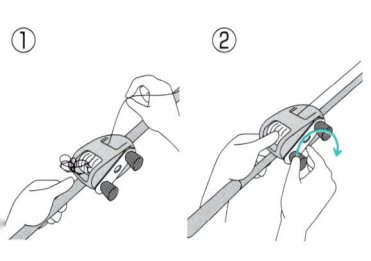

①クラッチを切ってラインをゆっくり引き出していく。

②ラインが止まったら親指でスプールを強く押さえハンドルを数回、回す。

①、②のくり返しで絡みが解消される。

◆フックをのみこまれてしまったら

カエシのあるフックを完全にのまれてしまい、外れないときは、ニッパーなどでハリ先を切断してフックを抜きとる。リリースを前提とした釣りでは、バーブレスフックの利用を心掛けよう。

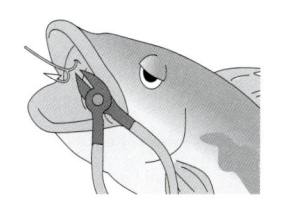

トラブル解消法 ②

◆ファーストエイド

　身の安全には十分に気をつけたいものだが、釣りをしていてうっかりケガをしてしまうことは多い。いざというとき慌てないために応急処置の仕方を覚えておこう。

　釣りをするフィールドには毒を持つ魚や虫、動物も多くいる。毒性の強い虫などに刺された場合は、まず刺された場所をよく見て、毒毛や毒針が残っていないかを確認し、あればそれを取り除く。次に口で毒を吸い出す。口で吸い取った毒は必ず吐き出し、忘れずにうがいをしておこう。

　夏に多いのが日射病だ。日射病にかかった人がいたら、まず風通しの良い日陰に移動し、楽な姿勢で休ませる。体温が下がってきたらスポーツドリンクなどで水分を補給する。

　ルアーフィッシングで多いケガはキャスティングやランディング時に鋭いフックが刺さってしまうもの。あってはならないことだが、後方に人がいることに気づかずロッドを振り、人にフックをかけてしまうなどということはよく聞く話だ。近くに病院がある場合はよいが、ない場合に備えて応急処置として利用できるフックの抜き方を覚えておこう。

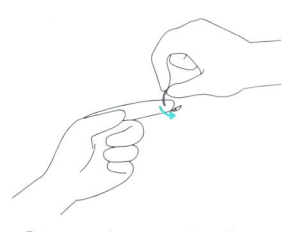

①カエシがあるフックは抜けにくくなっているので、逆にカエシが出るまで差し込む。

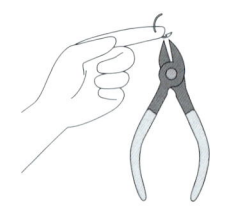

②ニッパーなどでカエシから先をカットする。フックを抜いたら必ず消毒しておく。

II

淡水ゲーム

淡水ゲームの基礎知識 ①

フィールド

　海をソルトウォーターと呼ぶのに対し、淡水のエリアはフレッシュウォーターと呼ばれる。なんといっても淡水にはルアーフィッシングの人気ターゲット、ブラックバスが生息している。その他、渓流にはイワナ、ヤマメ、ニジマス、湖・池には1m以上に成長するライギョなどユニークなターゲットたちが釣り人たちを待ちかまえている。

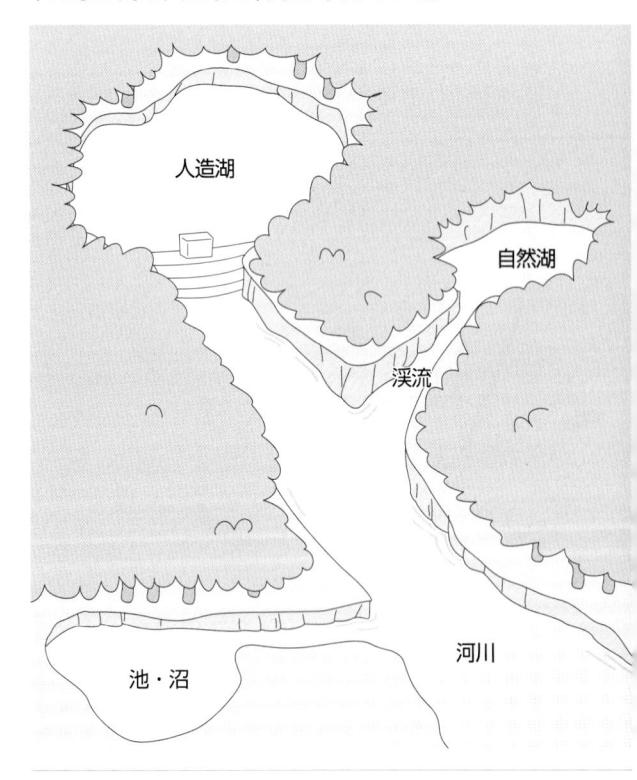

人造湖

自然湖

渓流

池・沼

河川

装備

釣行時の荷物はできるだけ少なくし、身軽な服装を心掛けよう。ウエストバッグはルアーを収納でき、さらに両手も自由になるためたいへん便利。渓流釣りでは沢登りも考えウェーダーやブーツを用意しておく。

Ⅱ 淡水ゲーム

★ 湖・池・河川での装備

★ 渓流での装備

◆ウエストバックの中身

- ・ルアーケース ・ラインカッター
- ・シンカー   ・予備のライン
- ・フック   その他小物類

II 淡水ゲームの基礎知識 ②

オカッパリとボート釣り

　淡水のフィッシングを大きく分けると岸から釣りをするオカッパリとボートを使ったボート釣りがある。それぞれに異なるおもしろさがあるので覚えておこう。

◆オカッパリ

　岸からキャストする場合は狙える範囲が限られているため不利な面が多いように思えるが、実際に湖でルアーフィッシングを楽しむ人のほとんどがオカッパリである。その魅力の第一は手軽さだ。ロッド1本と数個のルアーという軽装備で、好ポイントを求めてどんどん歩き回ることができる。ビギナーはまずオカッパリから始めよう。

　ただし、ぬかるみや石がごろついたガレ場など足場が悪いところもあるので、足ごしらえをしっかりとした上で安全な場所を選んで釣りを楽しむようにしよう。

◆ボート釣り

　ボート釣りの利点は直接ポイントの近くまで接近できること。そのポイントごとに対応できるタックルを船に積み込んでおくことも可能。釣果を望むならボート釣りが断然有利といえる。また、足場が少ない人造湖などオカッパリでは狙えるポイントがほとんどないフィールドはボートの出番にならざるを得ない。万一に備えてライフジャケットの着用を忘れないようにしよう。

　ボートは本格的なマイボートを買うこともできるが、最初は釣り船店でレンタルボートを借りることをオススメする。バスの最盛期の週末や夏休みなどは予約が必要になるところもあるのであらかじめ確認しておこう。

● 手漕ぎボート

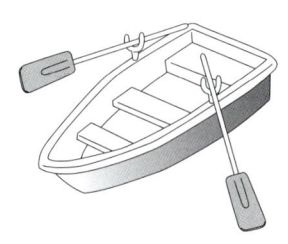

誰でも簡単に扱える。ポイントには静かに近づくことができるが、風の影響を受けるためやや操作は難しい。

● バスボート

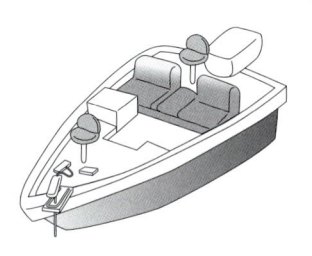

動力のついているボートなら行動範囲が広がり、より多くのポイントを攻めることができる。

Ⅱ 淡水ゲーム

◆ポイントへのアプローチ

オカッパリでもボート釣りでも意外に見落とされがちなのは、ポイントへのアプローチだ。いずれの釣り方でも魚に警戒心を与えないように近づくことが重要だ。

オカッパリであればポイントまで足音を立てずにそっと近づく。太陽を背にして釣る場合は水面に映る人影も魚たちを驚かせてしまうので、腰を落としてキャストをしてみる。また、1投目はポイントから少し離れた地点からキャストしてみるとヒットにつながる場合もある。

ボート釣りの場合もオールの音などの騒音を立てず、静かにポイントに近づく。エンジンつきボートの場合は、ポイントから少し離れたところでエンジンを切り、流れの上流、または風上から惰性を利用して近づいていこう。

ブラックバス ①

生態系の頂点に立つ淡水の王様

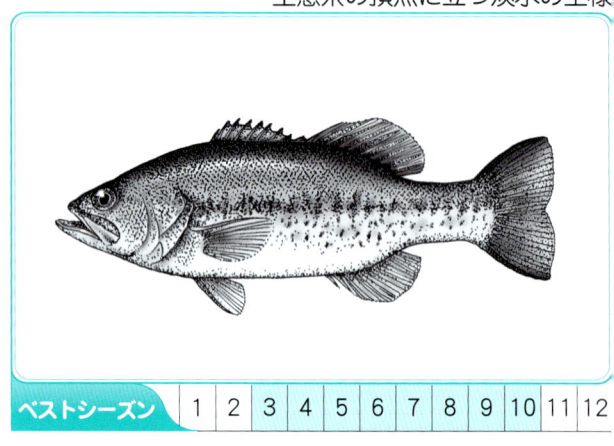

ベストシーズン	1	2	3	4	5	6	7	8	9	10	11	12

　ブラックバスはルアーフィッシングで最も人気の高いターゲット。もとは北米大陸が原産の魚で、神奈川県の芦ノ湖に放流されて以来、高い環境適応能力で北海道を除く日本各地の湖、河川、野池に広がっていった。

　バスの体長は20cm〜50cm、中には60cmを超える大物も生息している。パワフルなだけでなく、賢い魚でもある。普段は物陰に隠れて獲物が来るのを待っているので、タックルを研究し、戦略を立て、魅力的なアクションを見せて誘わないととびついてこない。バスフィッシングは近年ブームになるほどその人気が高まっている。慎重でなかなか釣ることはできないが、ひと度ヒットすれば強烈な引き味で釣り人を楽しませてくれる。この知的ゲームとしての面と引き味が多くの釣り人を引きつけるバスフィッシングの面白さなのだ。

バスの知覚

バスは視覚、聴覚、嗅覚でルアーの存在を察知し、激しく追ってくる。その中でも特に重要な働きをするのが視覚。魚眼レンズというようにバスは前方斜め上を中心に周囲を広範囲に見ることができる。また、物の色、形、明るさもある程度識別が可能。さまざまな色のルアーが市販されているのはこのためだ。

嗅覚も鋭く、バスの目のすぐ前についている1対の鼻でにおいをかぎとることができる。現在ではバスの嗅覚を利用し、エビや小魚のエキスを抽出したものや、人工的にバスの好むにおいをつけたソフトルアーなどが市販されている。

頭部の耳石は高音を感じとり、体の横に延びる側線では振動として低い音をとらえている。バスは体のいろいろな部分を使って音を感知するため、ポッパー、ノイジー、バイブレーションプラグなど音でアピールするルアーも効果が高い。

バスの食性

バスは典型的なフィッシュイーター。ラージマウスバスという英名が示す通り、大きな口でかなり大きなエサまで、ひとのみしてしまう。オイカワ、ワカサギなどの小魚類からエビなどの甲殻類、バッタやセミなどの昆虫類、カエル、イモリなどの両性類など生息する水域の環境の中でエサになるものを見つけて何でも食べてしまう。そのフィールドでバスが食べている生物を見つけることが釣果につながるのだ。

ブラックバス ②

バスのシーズン

　バスは1年を通じて釣ることのできる魚だが、季節の移り変わりや、水温の変化によって大きく居場所を変える。それぞれの季節ごとのバスの行動を理解することで、確実に釣果を上げることができる。ベストシーズンは晩春から初夏の時期。適水温は18〜23度とされている。

◆春

　越冬していたバスは水温の上昇とともに浅場に移動して、エサを補食するようになる。桜の花が咲くころ、水温が11度以上になってからがチャンス。産卵前は警戒心がゆるみ、貪欲にルアーにアタックしてくる。

◆夏

　産卵を終えると、バスは体力を回復するために活発にエサを追う。しかし、水温が25度を超えるようになると深場や日陰に身を潜め、活動も鈍くなる。盛夏の狙い目は朝夕の涼しい時間帯か夜釣りに限られる。

◆秋

　夏バテ気味だったバスも水温が21度を下回るころになると、再び浅場を回遊してエサを追うようになる。夏の間に低下した体力を回復させ、これからくる冬に備えるのだ。主に小魚をエサとする。

◆冬

　さらに水温が下がり10度を下回るころになると活性が極端に下がる。バスは群れをつくって水温が安定する深場に移動し、あまり動かなくなる。ただし、天気の良い日の日中は浅場に出てきてエサを追うこともある。

Ⅱ 淡水ゲーム

春 / 夏 / 秋 / 冬

ブラックバス ③

バスの1日

　1日のうちでバスが小魚を追っている時間は実はそれほど長くはない。大半は深場で群れをなして過ごしているのだ。その深場はサンクチュアリとよばれ、バスたちにとっては安心して休むことができる聖域になっている。そして1日に2〜3回、空腹になるとエサ場に移動しエサを捕食する。サンクチュアリとエサ場を行き来する行動はマイグレーションとよばれ、これがバスフィッシングの鍵となる。

　エサ場こそが、バス釣りのポイントなのだ。サンクチュアリを出発したバスは水底の立木、大石などのストラクチャーを目印にして進み、エサ場に着くと30分〜1時間ぐらい狩りをする。中型のバスは数尾のチームをつくって小魚を捕食することもある。満腹になると帰りは同じルートを通ってまたサンクチュアリに戻っていく。しかし、いつもバスがマイグレーションするとは限らず、時間・コース・回数は季節・天候・水質など釣り場のさまざまな状況によって変化する。

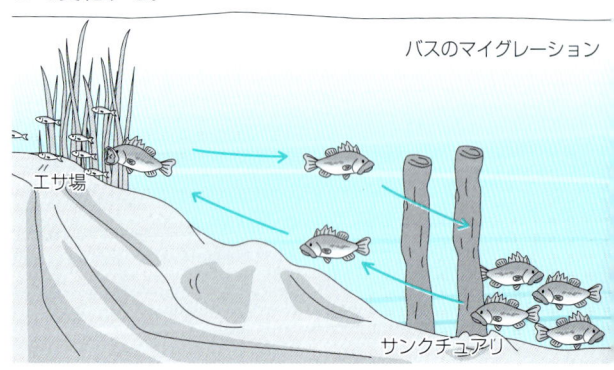

バスのマイグレーション

エサ場

サンクチュアリ

最も釣れる時間帯は？

　魚たちは夜明けと日没の直前にエサをとるため、よく朝マズメ（日の出前後30分ぐらい）と夕マズメ（日の入り前後30分ぐらい）が、1日のうちで最も釣れる時間帯といわれる。しかし、これは釣魚たちにとって水温がちょうどよい春、秋の季節でのこと。暑すぎたり、寒すぎたりする時期は状況が変わってくる。

　特にバスの場合、真夏の暑い日にはエサを追うのが夜間になることがある。逆に冬は十分に日が昇った昼前後がベストタイムになることが多い。理由は人間に置き換えてみるとわかりやすい。真夏の暑い日に炎天下を歩きたくないし、真冬の寒い日の早朝に外に出たいと思う人もいない。夏の日の夕涼みがてらの散歩や冬の日の日なたぼっこが好きなのはバスも人間も同じなのだ。

Ⅱ　淡水ゲーム

ブラックバス ④

タックル①

　ソフトルアーなど軽いタックルを使う場合はスピニングタックルを使う。特にビギナーに限らず扱いやすさでは1番のタックルといえる。ロッドは6〜7フィートのライトアクションに中型のスピニングリールをつける。細いラインはある程度経験を積まなければすぐ切れてしまうので、6〜8ポンドのものがほしい。

　ルアーは小型のミノーやラバージグ、軽めのシンカーを使ったリグ全般が使用できる。

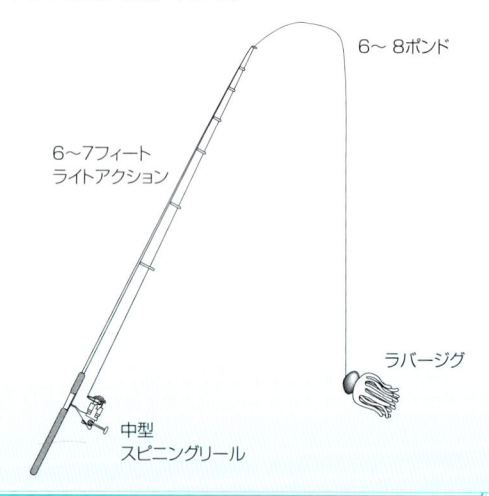

6〜8ポンド
6〜7フィート
ライトアクション
ラバージグ
中型
スピニングリール

ベストルアー

ラバージグ　　ミノー　　ソフトルアー
（スプリットショットリグ）

タックル②

　重めのルアーを使う場合や水の抵抗が大きいルアーを使う場合はベイトタックルを使う。ロッドは6〜7フィートのミディアムアクション。リールは中型のベイトリール。ラインは8〜14ポンドのものを使う。

　ベイトタックルにはほとんどのルアーが使える。スピナーベイト、メタルジグなどの重いルアー使って遠投することも可能だ。さまざまなルアーを使っていろいろなバス攻略法に挑戦するなら試してみたいタックルだ。

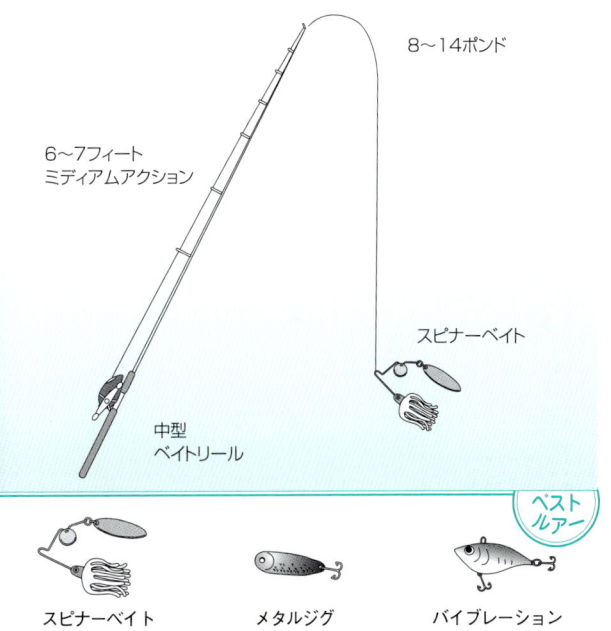

Ⅱ 淡水ゲーム

8〜14ポンド
6〜7フィート ミディアムアクション
スピナーベイト
中型ベイトリール

ベストルアー

スピナーベイト　メタルジグ　バイブレーション

ブラックバス ⑤

自然湖のポイント

　自然湖は火山や地殻変動によってできた湖。芦ノ湖（神奈川県）や富士五湖（山梨県）などがあり、比較的大きくて湖岸の傾斜がゆるやかなのが特徴。バスが岸近くにまで寄って来るのでオカッパリが楽しめる。一般に高地にある湖は水温が低く透明度が高い。

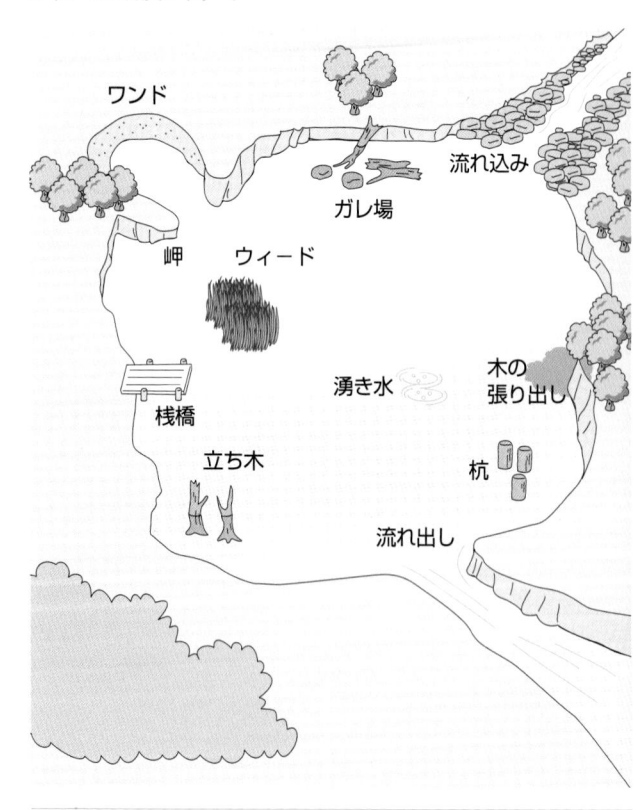

- ワンド
- 流れ込み
- ガレ場
- 岬
- ウィード
- 桟橋
- 湧き水
- 木の張り出し
- 立ち木
- 杭
- 流れ出し

人造湖のポイント

　奥多摩湖（東京都）、亀山湖（千葉県）に代表される人造湖は川や谷をせき止めてつくられた湖。湖岸が切りたっているため、水辺に降りられない場所が多くボート釣りがメインになる。リバーチャンネル（川跡）や旧人家跡など自然湖には見られない好ポイントが多く、狙いが定めやすい。

Ⅱ 淡水ゲーム

- 流れ込み
- 橋げた
- カケアガリ
- リバーチャンネル
- 立ち木
- 旧人家跡
- 倒木

ブラックバス ⑥

河川のポイント

　止水域を好むバスは河川には生息しないと思われていたのはもう過去の話。現在は河川にまで生息域を広げ、新たなポイントが生まれている。河川の流れの中で育ったバスは活性が高く、強烈な引き味を楽しませてくれる。中流域では、流れのゆるやかな場所に好ポイントが多い。下流域ではボトムに変化のある場所を狙って攻める。

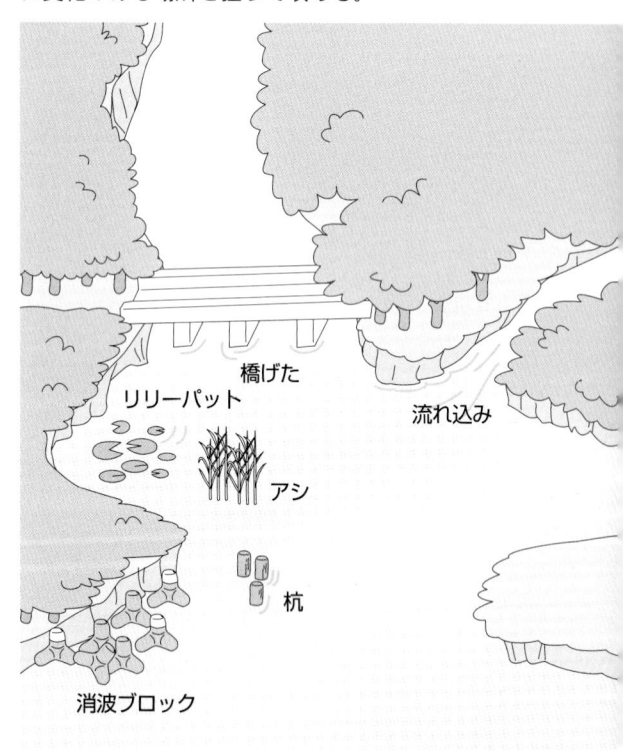

橋げた
リリーパット
流れ込み
アシ
杭
消波ブロック

池・沼のポイント

　近くの池や沼は気軽に出かけられるフィールドだ。小さな野池でもエサは豊富で意外な大物が潜んでいることがある。ただし、多くの釣り人が集まる人気フィールドともなるとバスはスレていてなかなか釣ることはできない。水深が浅く、底の変化が少ない池でも、多彩な水草類があるところでは一般的に釣れるチャンスが多い。

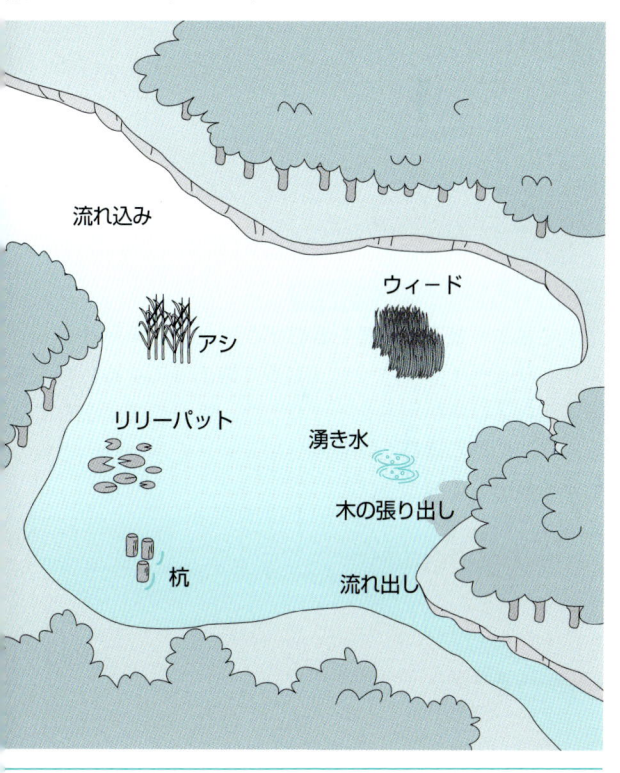

Ⅱ　淡水ゲーム

- 流れ込み
- アシ
- ウィード
- リリーパット
- 湧き水
- 木の張り出し
- 杭
- 流れ出し

ブラックバス ⑦

攻略法

湧き水

多くの天然湖には地下水が湖底から湧き出している場所がある。水温が安定しているため、さまざまな動植物の生息場所になっている。特に水温が高くなる真夏と水温が低くなる真冬の時期は見逃せないポイントになる。

流れ込み（インレット）

川や滝から豊富な酸素を含む水が流れ込む場所はバスのエサとなるベイトフィッシュも多く集まってくる。特に夏場は流れ込む水が水温を下げるため、絶好のポイントになる。流れの落ち着いた境目部分にミノーを漂わせ、小魚の動きを演出してみよう。

杭、立ち木

　杭・立ち木はフィールドで特に目につきやすいストラクチャーで、バスはスレていることが多いとはいえうまく狙えば必ずヒットする。ストラクチャーの左右の少し先を狙ってキャストし、際スレスレを引いてくる。ジグヘッドリグなどをストラクチャーのそばに落としこむのも効果的。

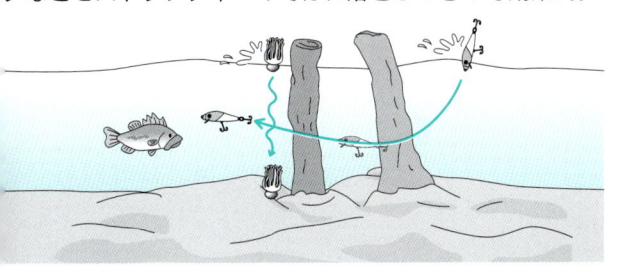

桟橋

　小魚などバスのエサが多く、係留ボートなどのストラクチャーの多い桟橋には必ずといってよいほどバスが居着いている。人の出入りする前の時間帯を狙うとよいだろう。トップウォーターからボトムまで狙えるので層は幅広いが、いずれの層でも桟橋に沿ってルアーを引いてくることが大切。

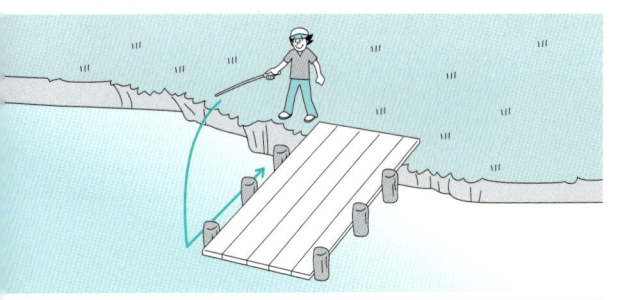

ブラックバス ⑧

木の張り出し

　湖岸に生えた木が大きく湖面に張り出しているところはバスの格好の隠れ家になる。特に夏場はここにできる大きな日陰にバスが涼みにやってくる。木から落ちた昆虫類を補食しているため、トップウォータープラグが効果的だ。木と水面の間をサイドハンドキャストで狙っていこう。

アシ際

　バスのエサとなるエビやザリガニが生息する場所。密度の高いストラクチャーでヒットするバスも大型になるのでヘビーなタックルで挑もう。攻め方は根がかりしにくいスピナーベイトやテキサスリグを使ってアシの際を引く。バスの活性が高いときはトップウォータープラグも使える。

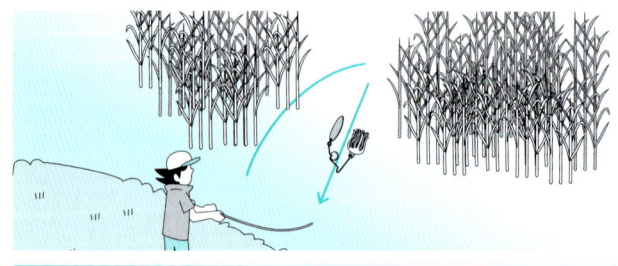

リリーパット

　スイレンなど水面に葉を広げるタイプの水草が密生している場所。夏場、この下にできる日陰にバスが入っていることが多い。葉の間や密生した場所の際が狙い目。根がかりが多くなるので、スピナーベイト、ソフトルアーなどウィードレス効果の高いルアーを使う。

ウィード

　藻などの水生植物が密生しつくられるポイントで、ほとんどの湖や沼に見られる代表的なストラクチャーだ。底がウィードで覆われている場合は藻の切れ目を集中的に狙うとよい。ただし、根がかりが多くなるのでウィードレス効果のあるルアーを使うなどの対策は必要。

ブラックバス ⑨

カケアガリ

沖合から上がってきた水底が岸近くで急に浅くなる傾斜地のこと。水通しがよく、ボトムに起伏があるため、ベイトフィッシュ、バスともに寄りやすい場所だ。使われるルアーはシンキングタイプのルアーが中心。カケアガリの傾斜に沿ってボトムトレースやボトムバンピングで引いてくる。

橋げた

河川や水路にかかる橋の脚は、バスが身を隠すのにちょうどよい。ただし、誰でもすぐに狙える人気ポイントなだけに、人がいない朝夕のマズメ時などの時間帯を狙うのがよい。シンキングタイプのルアーを橋げたギリギリを狙ってキャストし、底層を中心に探ってみよう。

ガレ場

崖くずれや溶岩などでできた場所。水底に崩れ落ちた岩や倒木はバスの隠れ家になっている。ガレ場を攻めるときは、根がかりが多くなるので、スピナーベイトやフックを埋めたワームを使って攻略しよう。ガレ場のギリギリにキャストし、倒木や岩のすぐ上を引いてくる。

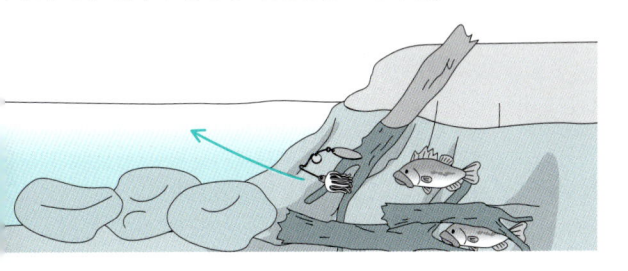

ワンド

岬と岬の間に挟まれた広い湾がワンドだ。風や水流の影響を受けにくく水温も比較的安定している。また、水深が浅いため春先ぐらいから水温が上昇しバスの活性が高まる。攻め方は岸と平行にルアーを投げ込み、ボトムを広く探る。流木や倒木などのストラクチャーがあればその周辺も攻めてみよう。

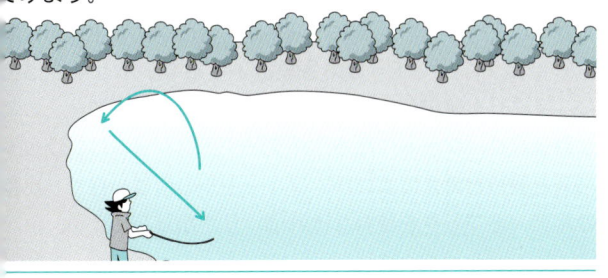

ブルーギル ①

ルアーフィッシングの入門魚

ベストシーズン	1	2	3	4	5	6	7	8	9	10	11	12

　ブラックバスと同じサンフィッシュ科の魚で、その名の通り青い（ブルー）エラ（ギル）を持っている。原産は北米大陸で、静岡県東伊豆の一碧湖に放流されて以来生息域を広げ、現在では北海道を除く全国各地でその姿を見ることができる。主に、中流から下流の河川、野池、湖沼、用水などを群れで行動する。ブルーギルは生息域もポイントもブラックバスとほとんど重なるためバスの外道として知られている。

　体長は20cm程度と小型だが、ブラックバス以上にどう猛で貪欲。主に小魚や昆虫類を捕食し、時には他の魚の卵を食べてしまうこともあるため害魚扱いされている。引きは強く、アタリも明確なのでルアーフィッシングの入門魚としては最適なターゲットになる。ルアーやアクションはブラックバスと同じと考えてよいが、ブルーギルの口は小さく、小型のルアーとフックを使わなければハリがかりしにくい。

タックル

5〜6フィートのライトアクションとリールは小型のスピニングリールの組み合わせが適切。

ルアーはバス用とほとんど同じものでよいが、より小型のものを使う。ソフトルアーのグラブ、ワームなど、アクションを加えなくても水の抵抗を受けて動くものを選び、リグはスプリットショットリグやジグヘッドリグを使う。その他、ブルーギル専用のトップウォータープラグを使えばエキサイティングな釣りが楽しめる。

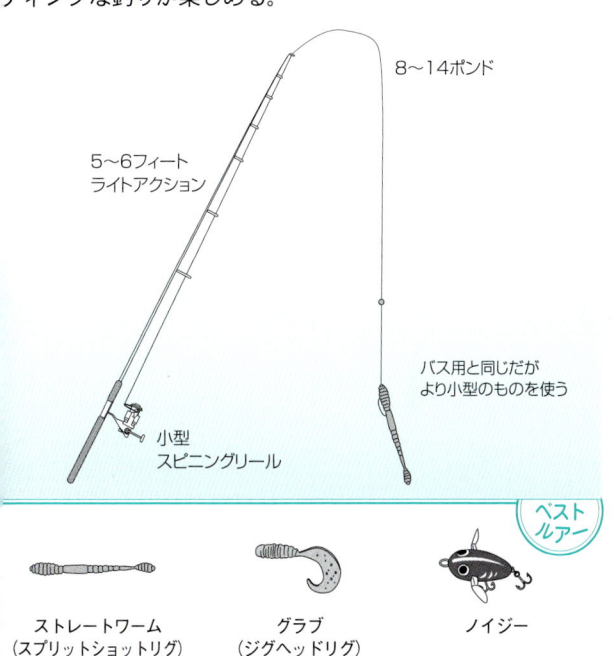

8〜14ポンド

5〜6フィート
ライトアクション

バス用と同じだが
より小型のものを使う

小型
スピニングリール

ベストルアー

ストレートワーム
(スプリットショットリグ)

グラブ
(ジグヘッドリグ)

ノイジー

ブルーギル ②

ポイント&攻略法

　ブルーギルの生活圏はブラックバスとほぼ同じ。湖沼や川幅の広い河川が主なフィールドになる。リリーパッド、ウィード、アシ、杭周り、桟橋、沈船周り、流れ込みなど、特にうす暗い場所が好ポイントだ。日なたより日陰、時間帯も朝より夕方の方がよい。

　ブラックバスよりも浅い場所を好むため、タナはボトムを探るよりも、中層から上層を攻めてみるとよい。また、ブルーギルは自分より大きい魚から身を守るため、群れで行動している。釣れた場所の周辺に再びルアーを投げ入れれば、ヒットが続くことがある。

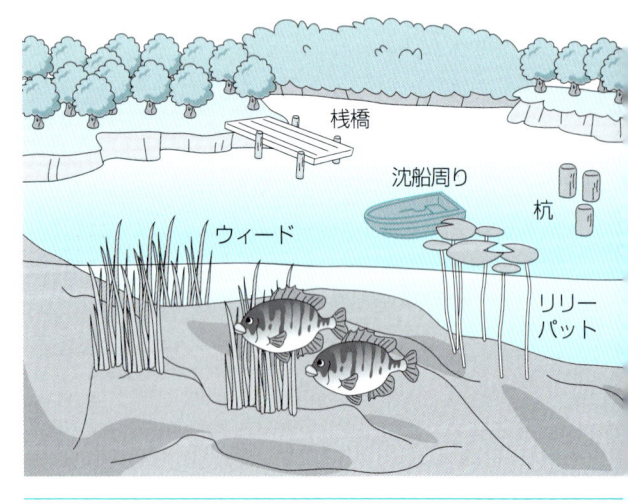

トップウォーター

　表層を攻めるときはポッパーやペンシルベイトなどのトップウォータープラグを使ってみよう。着水後、少しポーズをとってみる。活性が高いときはこれだけで飛びついてくるが、波紋が消えてもアタリがなければウォーキング・ザ・ドッグで左右にルアーを動かしながら誘ってみる。

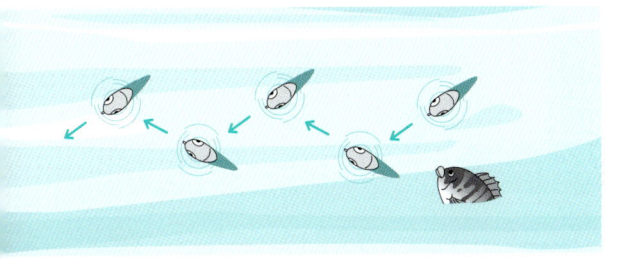

杭

　ソフトルアーの小さめのグラブかワームを選ぶ。フックもそれに合わせて小型のものを使う。桟橋や杭など縦のストラクチャーの近くにキャストし、カウントダウンで中層まで落とし込んで棒引きで引いてくる。アタリがなければボトムまで落とし込んでボトムバンピングかシェイキングするのもよい。

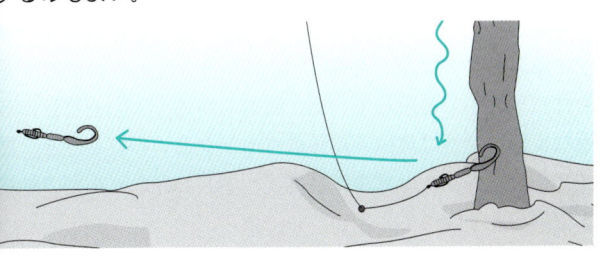

ライギョ ①

バス以上にどう猛な川魚のギャング

ベストシーズン	1	2	3	4	5	6	7	8	9	10	11	12
				●	●	●	●	●	●	●		

　日本にいるライギョはカムルチーとタイワンドジョウの2種類。カムルチーは朝鮮半島を経て日本に移入され、その後日本全国に分布を広げた。冷水に強く、体長は大きいものでは1mを超える。タイワンドジョウは台湾から食用として移入された魚。体長は最大でも70cmほどでカルムチーよりやや小ぶり。ウロコが大きく体色の黄色が強いのが特徴。

　野池、ため池、用水路などに生息し、水生植物の中やストラクチャーの周りを好む。普段は1m前後の浅場にいてエサを捕食しているが、空気呼吸をするためにときどき水面に浮上する。産卵期は夏。冬場の12月から3月くらいまでは泥や枯れ草の中で冬眠している。警戒心が強く人影や物音に敏感な反面、食性は貪欲で川魚のギャングといわれるほど。昆虫、小魚、カエルは言うに及ばず、ネズミ類など小型の動物まで捕らえて食べてしまう。

タックル

　スピニングタックルでもよいが力強い相手なのでベイトタックルの方がベターだ。ラインもライギョの鋭い歯を考慮に入れ、摩擦に強いPEラインを使いたい。
　ルアーは水生植物の生い茂るポイントでアクションさせるためウィードレス効果の高いルアーがよい。ライギョの大好物であるカエルの形をしたフロッグやネズミを模したマウスがオススメ。ルアーをのみこまれることが多いのでシングルフックのものがよい。

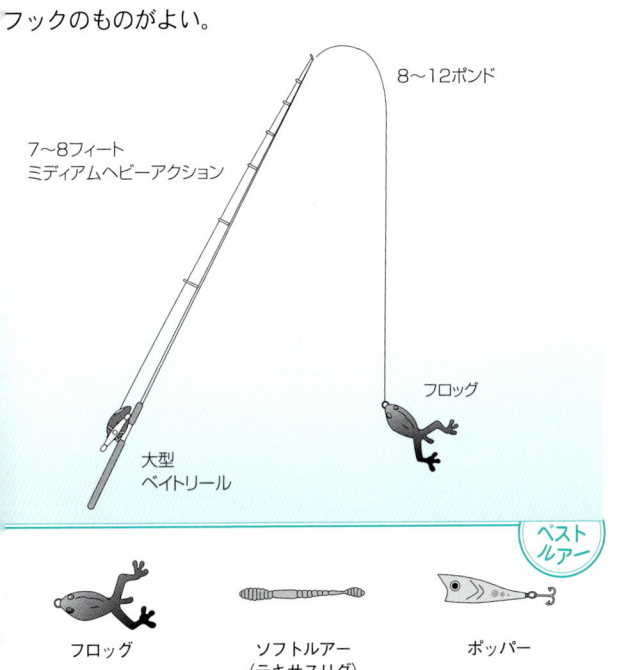

8～12ポンド

7～8フィート
ミディアムヘビーアクション

フロッグ

大型
ベイトリール

ベストルアー

フロッグ　　ソフトルアー　　ポッパー
　　　　　（テキサスリグ）

ライギョ ②

ポイント&攻略法

　ライギョの固体数は近年大幅に減っている。ポイントを決める前にまずはそのフィールドにライギョが棲んでいるかどうかを見極める必要がある。そのヒントとなるのは「バフッ、バフッ」とライギョが空気呼吸をする音。また、カエルなどエサを捕食するときに出る「バシュッ」という水音。さらに風もないのに水草が不自然に揺れたり、プツプツと小さな気泡が移動している場合もライギョの可能性が高い。

　ライギョが好むポイントはリリーパットやウィード、アシ周りなど。水生植物のまばらな所や切れ目に仕掛けを投げ込んでみよう。

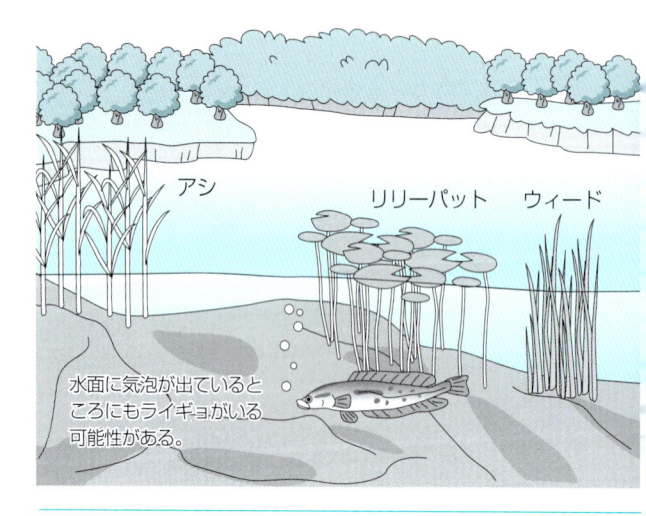

アシ　　リリーパット　　ウィード

水面に気泡が出ているところにもライギョがいる可能性がある。

リリーパット

　自然な着水音がでるようにポイントの1～2m先にルアーを投げ入れる。場所によってはピッチングで投げ入れよう。フロッグをチョンチョンと動かしてカエルが泳いでいるようにしたり、ハスの上に落とし、ピョンピョンとカエルが遊んでいるように跳ねさせてみる。

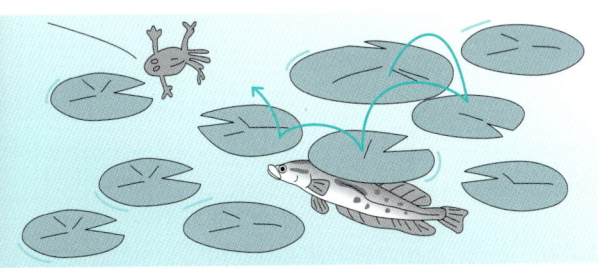

釣り方

　ヒットしてもすぐにアワセるとバレてしまうことが多いので、ひと呼吸おいてアワセを入れる。力が強くジャンプすることもあるが、焦らずラインのテンションを保ったまま引いて、ランディングネットを使って取り込む。フックをのみこまれた場合はプライヤーを使ってルアーを取り出す。

ナマズ ①

タマズメから夜を狙え

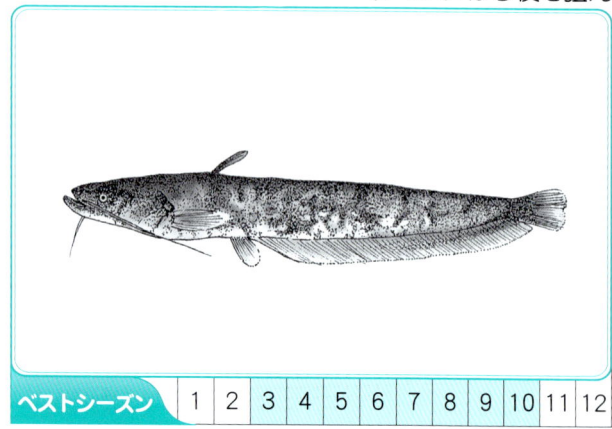

ベストシーズン	1	2	3	4	5	6	7	8	9	10	11	12

　本州、四国、九州の沼や池、流れがゆるい川の底に生息している。英語圏では4本のヒゲ（幼魚のときは6本）を持つことからキャットフィッシュと呼ばれている。体長は大きいものでも50cmだが、まれに70cmを超える大型がヒットすることもある。近くの河川で簡単に狙え、ルアーへの反応もよいため専門に狙う人も増えてきている。

　ナマズは典型的な夜行性の魚で昼間は物陰に身を潜めており、夕方から明け方にかけて貪欲にエサを追う。ザリガニや小魚、カエルなどを捕食するフィッシュイーターで獲物を見つけると想像以上のスピードで襲いかかる。明るいうちにポイントを見つけておき、暗くなってから釣るようにしよう。

　ベストシーズンは水温が上昇する晩春から晩秋、冬場は泥に潜り越冬をする。5～7月の産卵期に浅場の水草や藻に卵を産みつける。

タックル

　バス用のベイトタックルがそのまま使える。スピニングタックルでもよいが、ナマズの口は固いので、しっかりとハリがかりさせるためにはパワーのあるロッドを使いたい。

　日中はテキサスリグのソフトルアーでボトム狙い。夜釣りでは、ルアーの存在を知らせてやると釣りやすいため、音でアピールできるトップウォータープラグがオススメだ。その他、カエルが生息するような釣り場では、好物であるカエルを模したフロッグも使える。

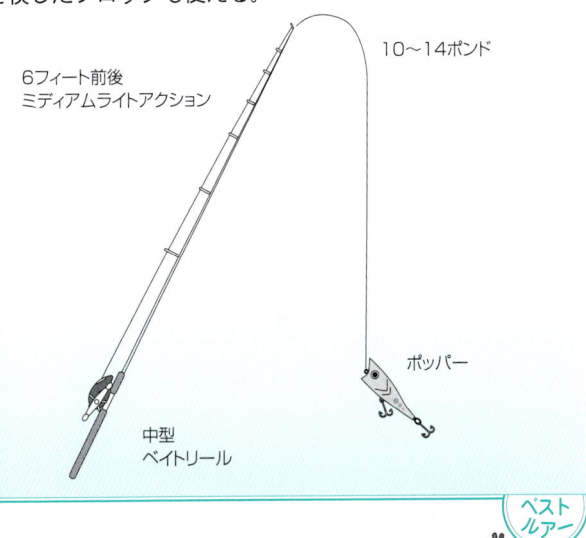

6フィート前後
ミディアムライトアクション

10〜14ポンド

ポッパー

中型
ベイトリール

ベストルアー

ポッパー　　　ソフトルアー　　　フロッグ
　　　　　　（テキサスリグ）

ナマズ ②

ポイント＆攻略法

夜は表層から中層までの広い範囲を動き回り活発にエサを捕食するナマズだが、昼間は川底のストラクチャーの陰に隠れてじっとしており、近くを通るエサを見つけると補食する。

昼間はウィード、桟橋、消波ブロックの間などストラクチャーがある場所のボトムを狙う。夜釣りでもポイントは変わらないがトップウォーターからボトムまで幅広い層で狙える。

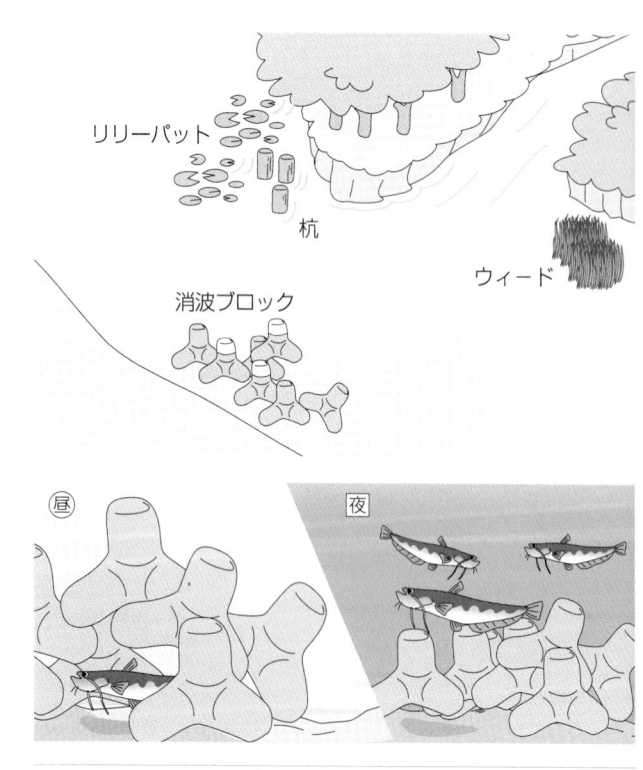

リリーパット

杭

ウィード

消波ブロック

昼

夜

日中の釣り

　日中の釣りではボトムに狙いを絞った方がヒットの確率が高い。ラバージグや、テキサスリグのソフトルアーを使い、ルアーをボトムまで落とし込んだらボトムレースかボトムバンピングでボトムを離さずに引いてくる。桟橋、消波ブロックなど水中にあるストラクチャーの近くを特に入念に誘ってみよう。

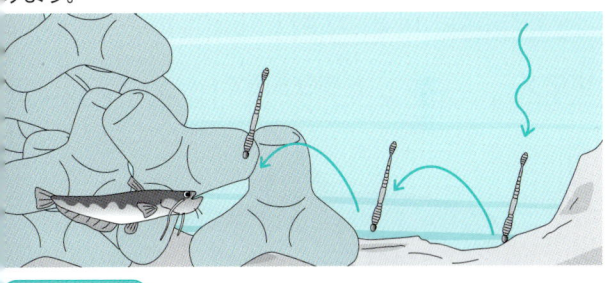

夜釣り

　夜になるとナマズが活発にエサを追うようになるため、表層狙いでヒットする。リリーパットの上をフロッグを使って跳ねさせたり、ノーシンカーワームを泳がせるのも効果的。また、ウィードの際はラバージグなどを落とし込んで攻める。

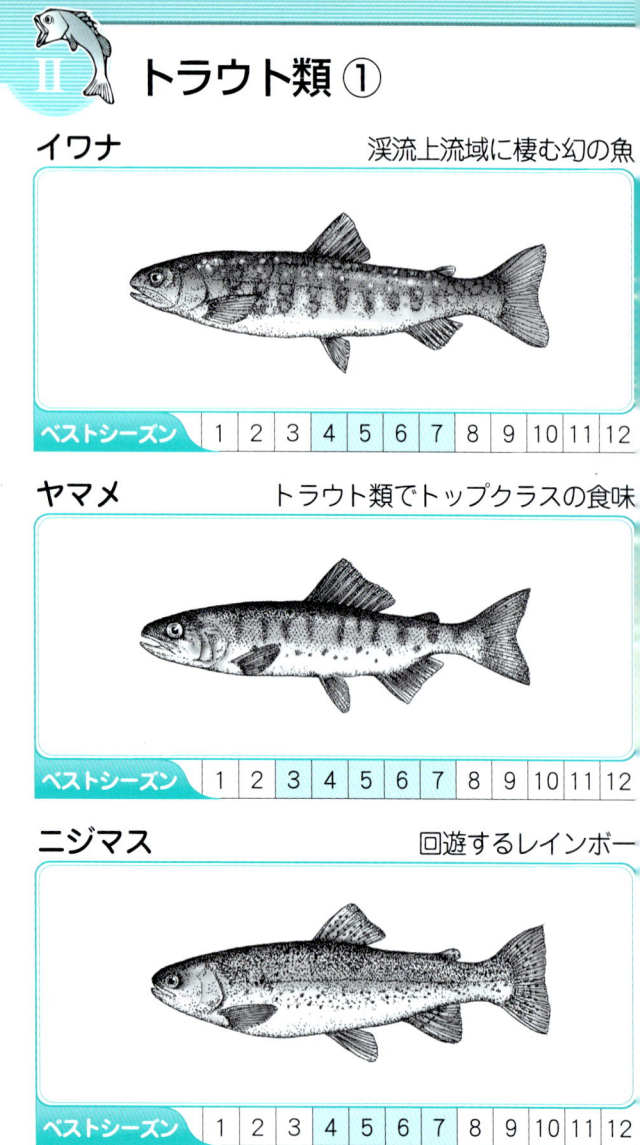

トラウト類 ①

イワナ
渓流上流域に棲む幻の魚

ベストシーズン	1	2	3	4	5	6	7	8	9	10	11	12
				●	●	●	●					

ヤマメ
トラウト類でトップクラスの食味

ベストシーズン	1	2	3	4	5	6	7	8	9	10	11	12
			●	●	●	●	●					

ニジマス
回遊するレインボー

ベストシーズン	1	2	3	4	5	6	7	8	9	10	11	12
				●	●	●	●					

現在日本で釣ることのできるトラウト類はイワナ、ヤマメ、ニジマスなどで、これらはすべてサケ科の魚だ。ベストシーズンは3月から初夏ぐらいまで。川や湖では10月から3月ぐらいまでは禁漁期間になることが多い。

■イワナ

　イワナは黒い背中にある赤と白の斑点が特徴。渓流の魚の中では最も上流の冷水域を好む。漢字では「岩魚」と書くように大きな岩がゴロゴロし、落ち込みが連続しているような場所を好む。性格は貪欲で食べられるエサは何にでも飛びつき、水生昆虫、ミミズ、小魚の他、蛇やネズミまでものみこむ。その反面、警戒心は強く、人影や物音を感じとると岩陰に隠れて動かなくなってしまう。

■ヤマメ

　ヤマメは主に湖と渓流に棲むが生息域はイワナよりやや下流になる。性質は俊敏にして狡猾、そしてイワナ以上に警戒心が強い。普段は流れの中心部に居着き、小魚や水生昆虫をなどを捕食するが、口にしたものに違和感を感じるとすぐに吐き出す習性がある。人影や物音には敏感に反応し、少しでも危険を感じるとすぐに岩の下に隠れてしまう。

■ニジマス

　ニジマスは成長すると体側に美しい虹色のラインが表れることからレインボートラウトと呼ばれる。イワナ、ヤマメに比べると環境適応能力が高くやや高水温の場所でも耐えることができるため、各地で養殖が盛んに行われている。放流してから数日で野生をとり戻し、警戒心も高くなる。主に水生昆虫を食べるが、大型のものは小魚も捕食する。

トラウト類 ②

タックル

　渓流ではロングキャストの必要がほとんどないため5～6フィートのウルトラライトアクションが使いやすい。リールも小型のスピニングリール。ラインは4～8ポンドが中心になる。

　ルアーはスプーンとスピナーの2種類があればたいていの状況には対応できる。その他、ミノーを使ってトゥイッチングするのもよい。流れがゆるやかで水深のある淵ではシンキングタイプで底層を探る。

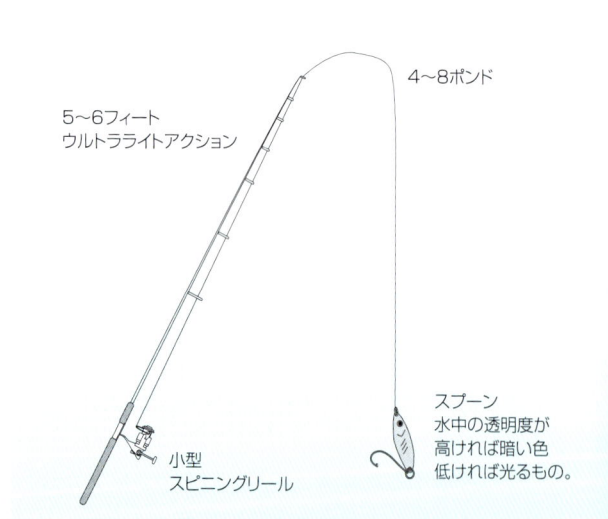

4～8ポンド

5～6フィート
ウルトラライトアクション

小型
スピニングリール

スプーン
水中の透明度が
高ければ暗い色
低ければ光るもの。

ベストルアー

スプーン
3～5g

スピナー
4～7g

ミノー
3～7cm

ポイント＆攻略法

　標高の高い上流部では、新鮮な空気に触れて釣りを楽しむことができる。狙いは何といってもイワナ、ヤマメなどのトラウト類。魚の潜むポイントを探し出して、釣りを楽しもう。渓流での釣りは危険を伴うため、ビギナーはまず常設釣り場のあるところから始めてみるとよい。

II 淡水ゲーム

エン堤

瀬

落ち込み

淵

トラウト類 ③

　フィールドに出たらまず全体の状況を確認しよう。いかによさそうなポイントを見つけても渓流ではベストアングルで狙えるとは限らない。また、渓流の魚たちは上流を向いて水生昆虫などが落ちてくるのを待っているが、人の気配を感じるとすぐポイントの奥に逃げ込んでしまう。大きな石などに身を隠して遠くから投げるのがコツだ。まずは渓流でのキャスティングの基本となる3パターンを覚えよう。

アップクロスストリーム

　渓流でもっとも基本的な方法がアップクロスストリームだ。ルアーをやや上流にキャストし、着水したらしたらすぐに川をクロスするように引いてくる。流れより少し速いスピードでリトリーブし、魚の潜むポイントに来たらリーリングを止めて流れにまかせる。ルアーは弧を描くように泳いでくるので上流から流れてきたエサのような動きになる。

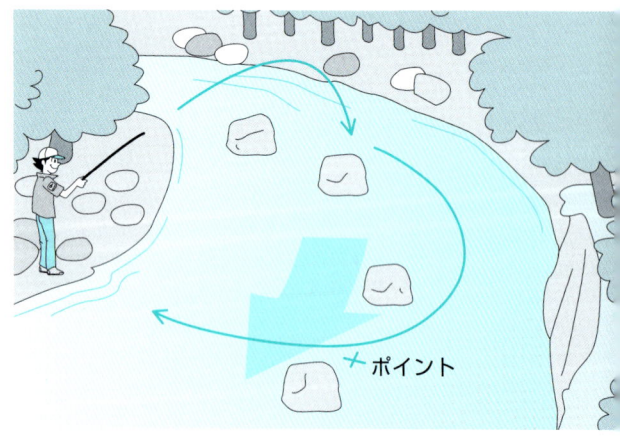

ダウンストリーム

　ポイントが下流にある場合は下流にキャストするダウンストリームで狙う。水流に押されるためスローリトリーブでもルアーの動きができる。ポイントの近くではリトリーブを止めて、流れにまかせてルアーを泳がせるのもよい。

アップストリーム

　川幅の狭い所やエン堤の前など特殊な場所ではアップストリームが有効。ルアーを上流にキャストして、流れより速いスピードで泳がせる。魚の目は上流を向いているため下流にいる釣り人の姿が気づかれにくい。

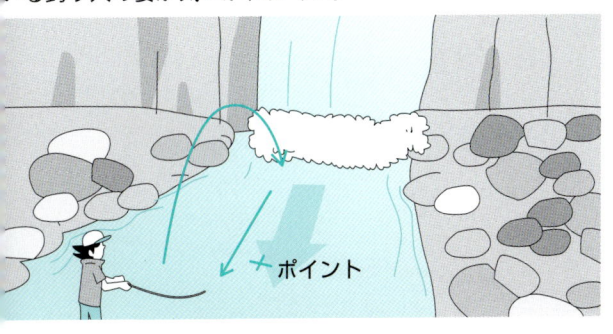

トラウト類 ④

淵

　流れが落ちこんだりカーブしたりして底を深く削り、できた深場が淵だ。魚がいる可能性は高いが、誰もが狙う人気ポイントなので魚も非常にスレている。釣り人が入っていない早朝を狙おう。主流の向こう側にキャストし、主流に入ったら、流れにまかせてポイントを通過させる。

落ち込み

　岩などによってせき止められた水があふれ出し、流れ落ちた水がその下に深みをつくる場所が落ち込みだ。落ち込みの白い泡の少し上にフローティングミノーやスピナーをキャストし、そのまま流れにまかせてポイントを通過させる。

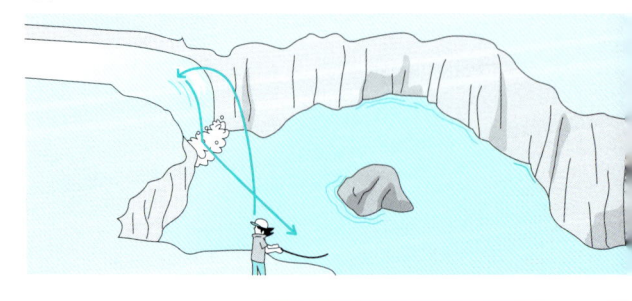

瀬

　川幅があり、深さも適度にあるポイントが瀬だ。川底に昆じる大小の石が複雑な流れをつくり出す。リトリーブも簡単でビギナーにオススメのポイントだ。狙いは瀬にある大きな石。石の上流にキャストしたら、できるだけ深いタナを泳がせ、石のスレスレを通してみよう。

エン堤

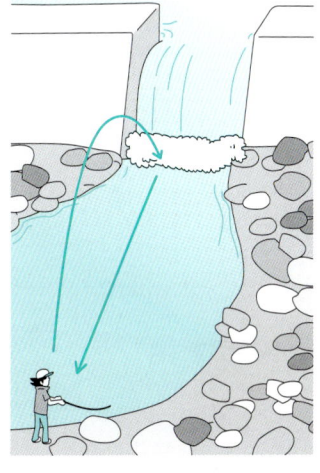

　魚にとっては遡上をさまたげるエン堤も釣り人にとっては絶好のポイントになる。下流から遡上してきた魚はエン堤下の深場に集まっている。水の落ち口を狙って下流側からアップストリームで狙う。使用するルアーはスプーン、スピナー、ミノー。ミノーの場合はトゥイッチングを加えても効果的だ。

トラウト類 ⑤

タックル

　湖に棲むトラウトは渓流のものに比べて大型。少なくとも50cmオーバーの魚を想定したタックルを用意しておかないと、ロッドを折られたり、ラインを切られたりということになりかねない。ロッドは7〜8フィートのミディアムライトアクション、リールは中型のスピニングリールを使う。

　ルアーはミノーがオススメ。リトリーブスピードを変えながら探ってこよう。フローティングタイプが基本になるが、急深のカケアガリなどではシンキングタイプが効果的だ。

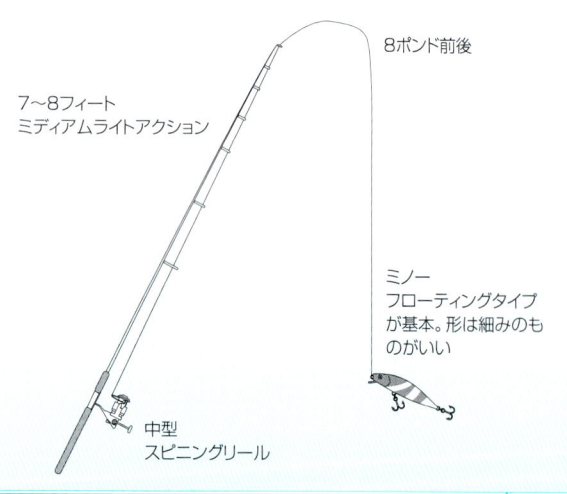

8ポンド前後

7〜8フィート
ミディアムライトアクション

ミノー
フローティングタイプが基本。形は細みのものがいい

中型
スピニングリール

ベストルアー

ミノー
8〜12g

スプーン
5〜7g

スピナー
5〜10g

ポイント＆攻略法

　比較的水温の低い山上湖などではニジマスなどが群れで回遊している。この群れに当たればヒットの確率は高いが、いつ回遊してくるかを予想するのは難しい。回遊してくるトラウトをじっと待つよりも、積極的にポイントを移動した方が釣果は高まるだろう。

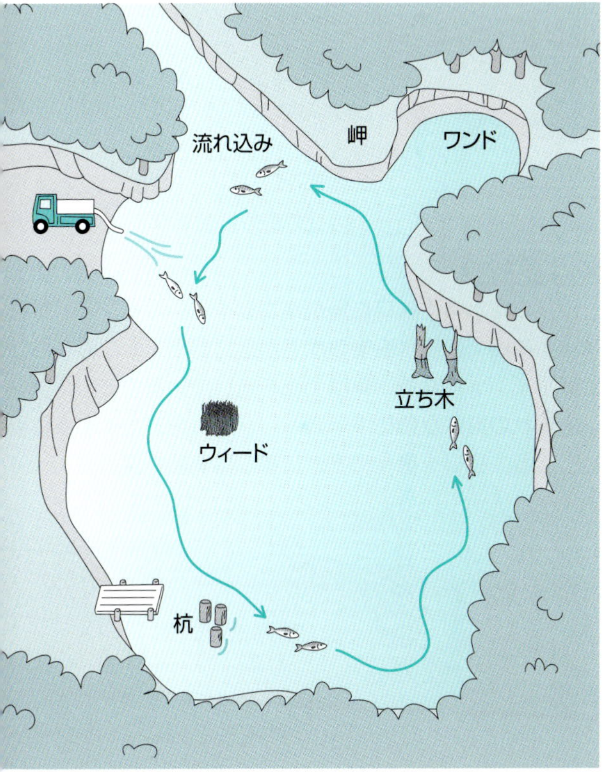

II 淡水ゲーム

流れ込み　岬　ワンド

立ち木

ウィード

杭

トラウト類 ⑥

浅場

秋から冬、冬から初夏にかけては表層の水温がトラウトの適水温を下回っているため、水温の上がりやすいワンドなどの浅場を回遊することが多い。遠投をして1つの場所から扇状に探れば回遊ルートに当たる可能性も高くなる。ミノーを使ってトゥイッチングやストップ＆ゴーで目立たせよう。

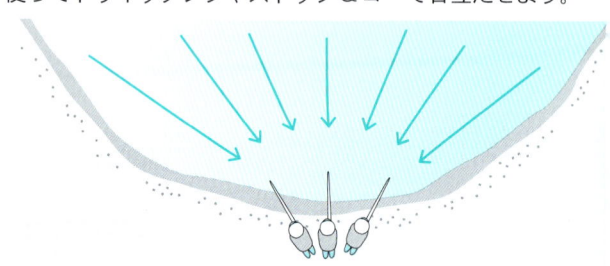

流れ込み

雨後の増水時や秋口に魚が集まりやすいポイント。また、凍結する湖では解氷直後の水温が低い時期でもこのあたりは好ポイントになる。魚は上流を向いているので、スプーンを流れの向こう側にキャストし、流れをまたぐように引いてくる。狙いを徐々に下流に移し広範囲を探る。

カケアガリ

　岬の突出部分の先は、急なカケアガリになっているため、水通しがよく、多くの魚の回遊コースになっている。岸のすぐ近くを通るため、岸からのキャスティングでも十分に狙える。スプーンかスピナーをカウントダウンで落とし込み、少しずつタナを深くしていこう。

放流魚の狙い方

　放流されたばかりのトラウトは岸近くに群れている。まだルアーに食いつくのがうまくないため、スプーンなら3～5g程の軽めのものを使用し、ボトム近くをスローリトリーブで引いてくるのがよい。また、リフト＆フォールなどでアクションをつける方法も効果的だ。

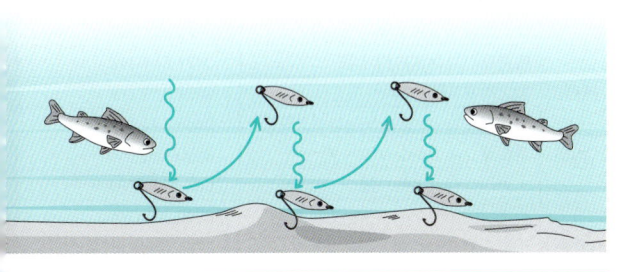

管理釣り場リスト

ビギナーのトレーニング場

　管理釣り場とは渓流の一部を区切って養殖のニジマスなどを放流している施設のこと。ルアーフィッシング独特の緊張感には欠けるものの、放流したての魚はスレていないため釣れる確率は高い。ビギナーは本格的な渓流釣りに入る前にまず管理釣り場で腕を磨いておこう。

　料金は1日3000円程度。釣った魚をすべて持ち帰れる場所と、制限尾数がある所がある。数を狙うなら1日2〜3回ある放流の時間をあらかじめ電話で聞いておくとよい。

◆管理釣り場ガイド

	名称	問合せ（電話）
栃木	那須フィッシュランド	0287-69-0009
	加賀フィッシングエリア	0283-65-0337
群馬	片品国際マス釣り場	0278-24-1398
	安中フィッシングエリア	0273-82-7478
埼玉	芦ケ久保ヤマメ・マス釣り場	0494-24-3812
	薄川渓流観光釣り場	0494-79-0545
山梨	ホリデイロッヂ鹿留	0554-43-0082
	秋山村営マス釣り場	0554-56-2320
	川俣川渓流釣り場	0551-47-2856
東京	大丹波川国際マス釣り場	0428-85-2235
	奥多摩フィッシングセンター	0428-78-8393
	秋川国際マス釣り場	0425-96-0568
神奈川	亀見橋バカンス村釣り場	0427-87-0242
	神之川マス釣り場	0427-87-2116
	Y.G.L.スポーツフィッシングエリア	0465-89-2305
静岡	東山湖フィッシングエリア	0550-82-2161
滋賀	大戸川ニジマス釣り場	077-549-2270
	朽木渓流魚センター	0740-38-5034
大阪	丁早川マス釣り場	0721-74-0116

III

ソルトウォーターゲーム

ソルトウォーターゲームの基礎知識①

ルアーフィッシングの魅力

　以前からソルトウォーターでのターゲットといえばシーバスがその代表として知られているが、現在ではそれに加えカサゴ、メバルなどのロックフィッシュ、ヒラメ、アオリイカまで広がり、ターゲットは確実に増えてきている。

　まだまだ未開拓の釣りなだけに、自ら積極的に釣り場を歩いて、ポイントやターゲットなどを開拓していけば確実に釣果を上げることができる。

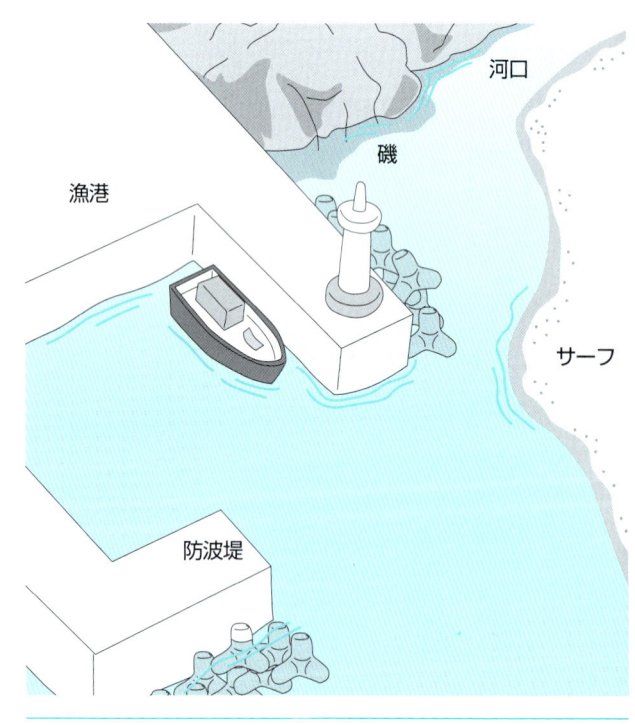

河口
磯
漁港
サーフ
防波堤

装備

　足場のよい内湾での釣りは防寒対策さえしっかりすれば比較的手軽にゲームが楽しめるが、足場の悪い磯や消波ブロック帯での釣りはフローティングベストやスパイクブーツなど安全対策を考えたスタイルに身を包むようにしよう。

◆防波堤での装備　　◆河口、サーフでのウェーディング

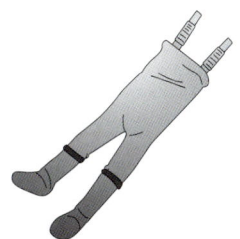

波のかかる防波堤や消波ブロック帯で釣る場合はスパイクブーツを着用する。

少しでも沖に近づきたいサーフや河口での釣りにはウェーダーが欠かせない。

ソルトウォーターゲームの基礎知識②

潮の干満

　海での釣りは潮に関する知識が欠かせない。魚は自然のさまざまな要素により行動を変化させるが、潮の動きはその中でも特に大きな影響を与えることを覚えておこう。

　潮は月の引力によって干潮から満潮（上げ潮）、また満潮から干潮（下げ潮）へと変化している。干潮と満潮のピークは1日に1～2回あり、この時間は潮の流れが止まり、多くの魚は捕食活動をしない。やがて、潮が動きだすとプランクトンなどの動きが活発化し、それらをエサにする小魚も動き始める。そして、これらの小魚をエサにしているシーバスなども岸にやってくるのだ。

　そのため、最も有利に釣りができるタイミングはその日の干満の差を10等分したとき、潮が上がり切ってしまう前の3分目（上げ7分）と潮が下がり始めてから3分目（下げ3分）だといわれている。下げ7分や上げ3分でも魚の活性が上がる。干潮に近いこの時間帯は海岸線が後退するので満潮時には狙えなかった沖のポイントを狙うことができる。

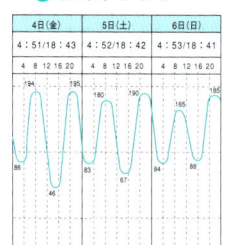

✿ タイドグラフ

その日の潮まわり、干潮と満潮の時間、潮の高さの変化が一目でわかる。釣具店で購入できる。

● 上げ潮と下げ潮

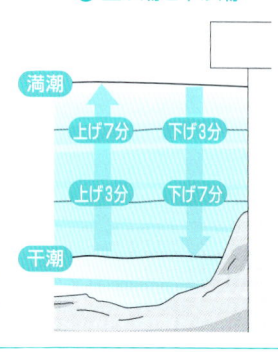

満潮 ― 上げ7分 ― 下げ3分 ― 上げ3分 ― 下げ7分 ― 干潮

潮まわり

　潮の干満の差は毎日少しずつ変化している。満月や新月のときに月の引力が最も強く、干満の差が大きい「大潮」になる。大潮を過ぎると干満の差は「中潮」から「小潮」と次第に小さくなっていく。「長潮」のときは干満の差がほとんどなくなり、「若潮」で潮が再び動きだし、再び干満の差が大きくなり大潮へと向かう。これらが一通り一巡することを潮まわりと呼び、釣行日を決める目安になる。

　一般的に釣りに向いているのは干満の差が激しいとき。中でも流れが速すぎる大潮よりも中潮が最適とされる。ただし、その他の日では釣れないということではない。外洋に面したポイントなど、普段から流れの速い場所では、むしろ小潮や長潮がよい場合もある。

　潮が流れているときの方が有利に釣ることができるという原則はあるものの、潮まわりと魚の活性の関係はケース・バイ・ケースと考えたほうがよい。釣り場に何度も足を運び、独自のデータを得ることが重要だ。

大　潮		…………潮の干満の差が最も激しい。
↑中潮	中潮↓	…………干満差は大潮と小潮の中間。
↑若潮	小潮↓	…………潮の干満差は小さい。
↑長潮	長潮↓	…………潮の干満差はない。
↑小潮	若潮↓	…………潮が再び動き出す。
↑中潮	中潮↓	
↑大　潮		

シーバス ①

海のメインターゲット

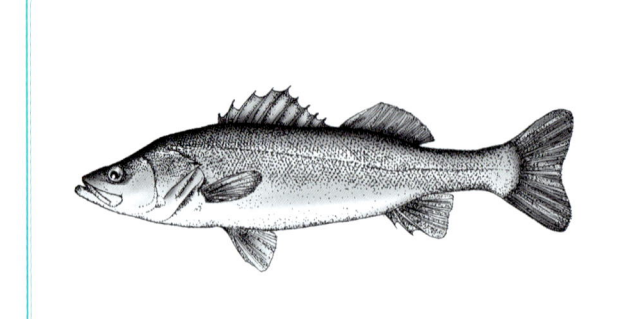

ベストシーズン	1	2	3	4	5	6	7	8	9	10	11	12

　昔からスズキの名前で親しまれてきたエサ釣りの人気ターゲットだが、ルアーフィッシングでもシーバスの名で一番人気のターゲットとして定着している。大きいものは体長1mを超え、オカッパリから狙える魚の中では最大クラスだ。

　シーバスの魅力は「エラ洗い」と呼ばれる強烈なファイト。ひと度ヒットすると水面をジャンプし、鋭いエラでラインを切ろうと大暴れする。この豪快なファイトを楽しめるのはシーバスならではといってよいだろう。活性が高くなるのは夜間。磯、汽水域、淡水と幅広く行動し小魚、エビ、カニなどを捕食する。特に、川が運んでくる豊富な栄養を求めて生物が集まる河口の汽水域は好ポイントとなる。

　ベストシーズンは水温が高まり、岸に寄ってくる夏。秋が深まるにつれて少しずつ深場へ移動を始めるが、岸近くで急深になっている場所では冬でもシーバスを狙うことができる。

タックル

　夜釣りではバックラッシュが致命傷となる場合が多い。夜間のシーバスフィッシングでは、バックラッシュのないスピニングタックルを使った方がよいだろう。ロッドは7～9フィートのミディアムアクション、リールは中型のスピニングリールを使う。ラインは8～12ポンドがよい。
　ルアーはシンキングミノー、バイブレーションプラグ、メタルジグが中心になる。サイズ、ウエイトを釣り場、狙う層、魚の活性によって使い分けよう。

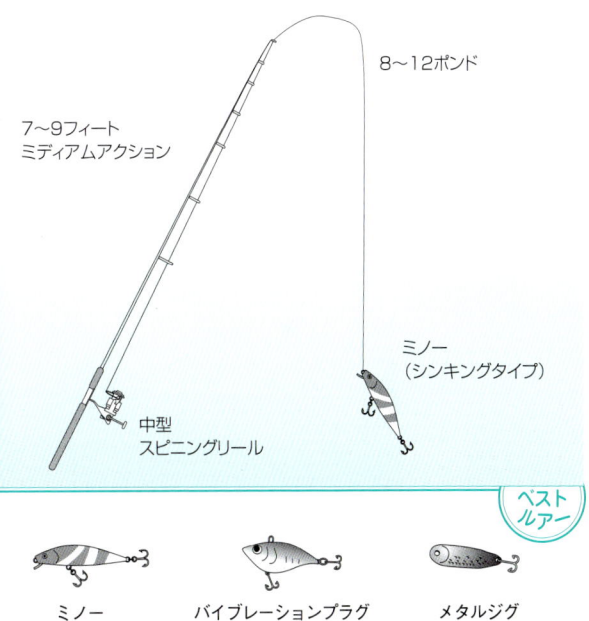

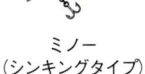

Ⅲ　ソルトウォーターゲーム

7～9フィート
ミディアムアクション

8～12ポンド

中型
スピニングリール

ミノー
（シンキングタイプ）

ベストルアー

ミノー
（シンキングタイプ）
5～11cm

バイブレーションプラグ
18～40g

メタルジグ
28～60g

シーバス ②

ポイント＆攻略法

シーバスは環境順応性が高く、都市部の港湾にも生息している。港湾にはシーバスが隠れやすいストラクチャーが多く、エサも豊富。夜釣りでは常夜灯の明かりで水面が照らされた場所にエサを求めて集まってくる。また、河口では他のポイントに比べて大物が釣れる。

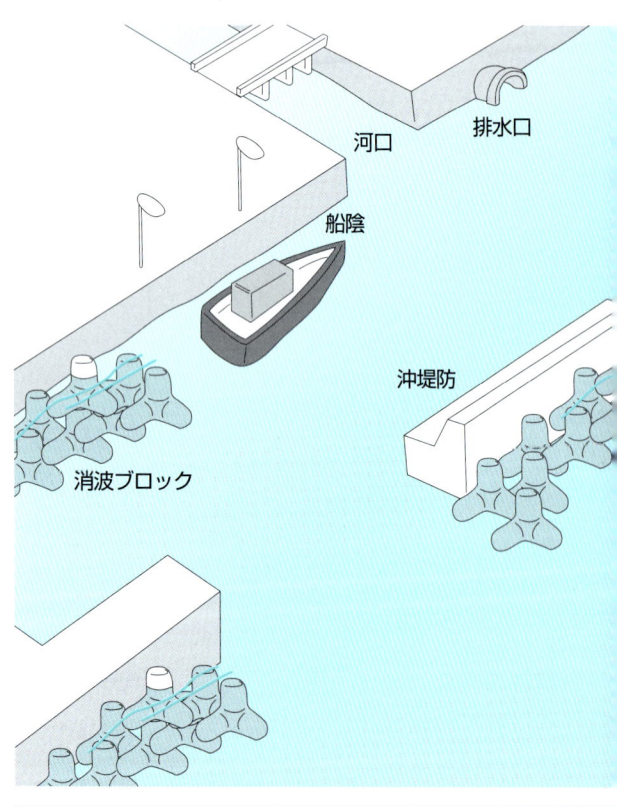

河口
排水口
船陰
沖堤防
消波ブロック

アクション

　港湾についたらまずはテクトロで岸壁を攻めてみよう。テクトロは「テクテク歩きながらトローリング」から名づけられた港湾部の定番テクニックだ。シーバスは岸壁にくっついてエサを狙うことが多いため、ビギナーが最初の1尾を釣り上げるならキャスト＆リトリーブよりもはるかに確率が高い。

　岸壁にルアーを落とし込み、ロッドティップを下げたまま岸壁の際をゆっくり歩くだけ。最初は表層を引き、だんだんタナを深くしていく。使用ルアーは軽すぎると岸壁を離れやすいのでバイブレーションかシンキングミノーがよい。深さは出すラインの長さで調節する。

　さらに、独特のアクションに8の字引きがある。これは中からルアーを追ってきたシーバスがなかなか食いつかないときに有効なアクション。ロッドティップで足元に数字の8を書くように動かし、逃げ惑う小魚を演出する。スピーディーにターンさせるのがコツだ。

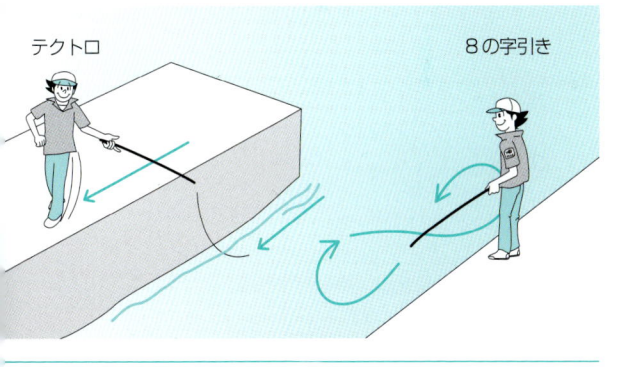

Ⅲ　ソルトウォーターゲーム

テクトロ　　　　　　　　　　　　　　　8の字引き

シーバス ③

防波堤の先端

　回遊してくるシーバスを狙う場合は防波堤の先端からキャストして、足元まできっちり引いてくる。特に潮流が変化している場所や、船道など海底に変化のある場所は集中的に探る。どこにいるかわからない場合はできるだけ広範囲に探ってみよう。

　リトリーブは一定のスピードを保ってゆっくり引くのが基本だ。アクションはつけず、ルアー自体が持つ自然な動きを生かす。ルアーローテーションはまずトップウォータープラグやフローティングミノーで表層を狙い、次にシンキングミノーで中層を、さらにはディープダイバー、バイブレーションで底層を狙うという具合に使うルアーを替えながら次第に層を下げていく。バイブレーションはボトムにつかないように注意してシンキングミノーよりやや速めのリトリーブをする。アタリがなかったらトゥイッチングやジャーキングでアクションをつけてみよう。

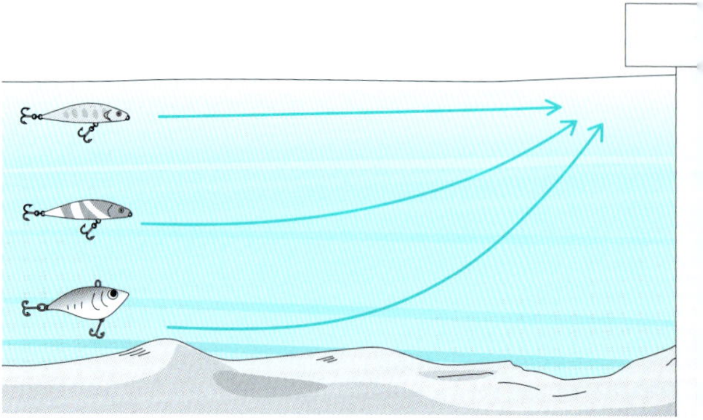

消波ブロック

　シーバスはブロックが出っ張っていたり、地形が変化している場所につく可能性が高い。フローティングミノーを消波ブロックに沿ってキャストし、スローリトリーブで引いてくる。奥の方に潜むこともあるので、なるべくブロックの際ギリギリを引くようにする。

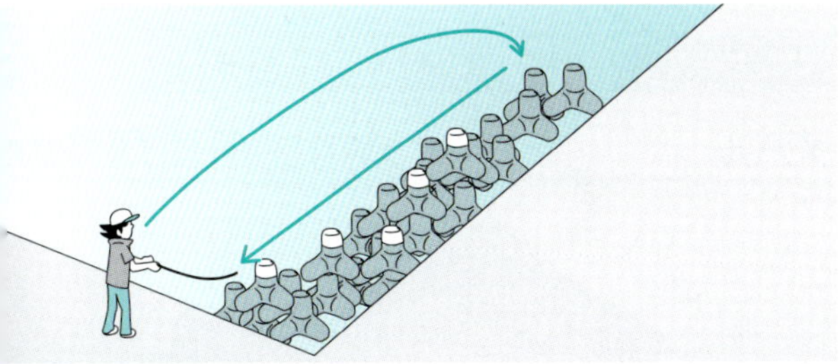

橋げた

　潮流がぶつかる橋げたの陰はシーバスが潜んでいることが多い。下流側から橋げたの両端を狙ってキャストし、流れにのせてゆっくりカーブを描くようにリトリーブする。月かりがあるときは明るい部分と暗い部分の境目を狙ってキャストする。

ロックフィッシュ ①

カサゴ
岩のすき間で獲物を待ち伏せ

| ベストシーズン | 1 | 2 | 3 | 4 | 5 | 6 | 7 | 8 | 9 | 10 | 11 | 12 |

メバル
大きな目で仕掛けを見破る

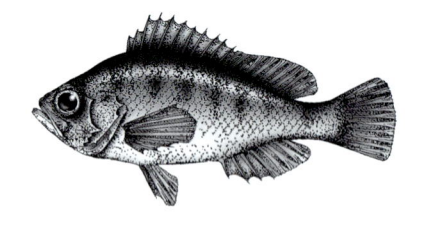

| ベストシーズン | 1 | 2 | 3 | 4 | 5 | 6 | 7 | 8 | 9 | 10 | 11 | 12 |

アイナメ
アユなみの美しい体型

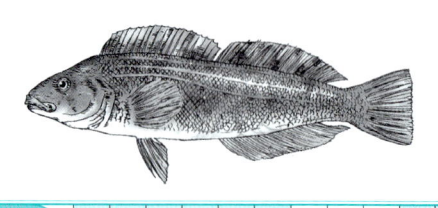

| ベストシーズン | 1 | 2 | 3 | 4 | 5 | 6 | 7 | 8 | 9 | 10 | 11 | 12 |

ロックフィッシュとは岩礁帯に多く生息する根魚の総称。シーバスと並び、ルアーで手軽に狙える海のメインターゲットになっている。波打ち際から水深数100mまで広範囲の岩礁帯に生息しているが、岸からは消波ブロックや岩場などが狙いやすい。ベストシーズンはあるがその時期以外でも釣れないことはない。オールシーズン楽しめるのがロックフィッシュの魅力でもある。

■カサゴ

定着性の強い魚で、岩礁帯の岩の割れ目やくぼみなどをすみかとし、エサが供給される潮通しのよい場所なら水深数十センチの浅場にいることもある。深場に棲むものほど体色の赤みが強い。昼間はじっとしていて、夜になると小魚や甲殻類を積極的に捕食する。背ビレや頭部には鋭いトゲを持っており、中には毒を持つ種類もいる。

■メバル

その名の通り大きく張り出した目が特徴。普段は海藻や根などの上に群れをつくり、上を向いてエサを探している。夜行性のためタマズメ以降になると浅場に出て活発にエサを追うが、水が濁っている日を選べば日中でも十分釣りが楽しめる。臆病な性質で海が荒れると岩陰に潜み出てこないが、穏やかなときには活性が高い。

■アイナメ

流線形で滑らかな体型がアユのようであることから名前がつけられた。普段は消波ブロックや岩の間で生活し、近づいてきたカニや小魚を捕食している。夏は深場に移動しているが冬場になると浅場に移動する。

ロックフィッシュ ②

タックル

　専用ロッドもあるがバス用、トラウト用、シーバス用のいずれも使える。繊細なアタリを逃さないようにティップが柔らかめのものが最適。リールは小型のスピニングリール、ラインはできればフロロカーボンがよい。

　ルアーはソフトルアーが中心。春の季節は水面近くを漂うミノーにも反応する。

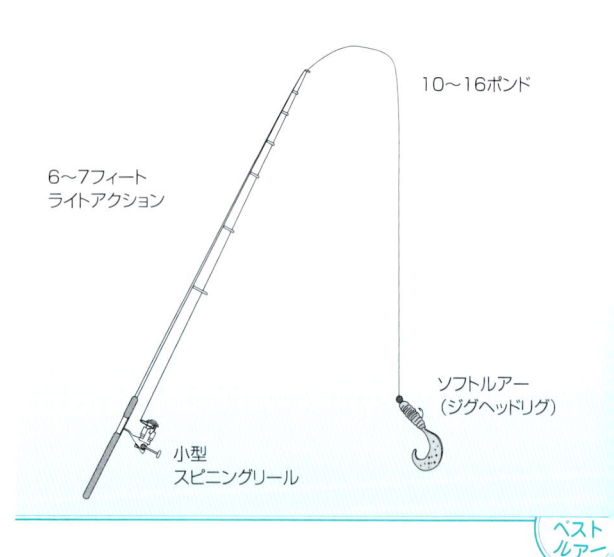

10～16ポンド

6～7フィート
ライトアクション

ソフトルアー
(ジグヘッドリグ)

小型
スピニングリール

ベスト
ルアー

ソフトルアー
(ジグヘッドリグ)
2～3インチ

メタルジグ
5～9cm

ミノー
(フローティングタイプ)
7～9cm

ポイント&攻略法

　ロックフィッシュという名の通り沈み根や、港湾にあるストラクチャーの周りなど海底に変化のある場所に居ついている。砂底やドロ底にはほとんど生息していない。フィールドに着いたら、まずはどこに魚がついているのか見極めることが大切だ。狙い目となるのは沈み根、捨て石、岸壁の際や角、消波ブロックのすき間など。海底に変化のある場所はどこでも狙ってみる価値がある。また、ロックフィッシュは潮通しがよい場所を好むため、同じ捨て石周辺のポイントでも内海側よりも外海側にいることが多い。

　ロックフィッシュは自分のすみかからほとんど動こうとしないため、1つのポイントを攻めてみてアタリがなければ、そこには魚がいないと考えた方がよい。ポイントを次々と移動して広範囲を探った方がヒットの確率は高い。

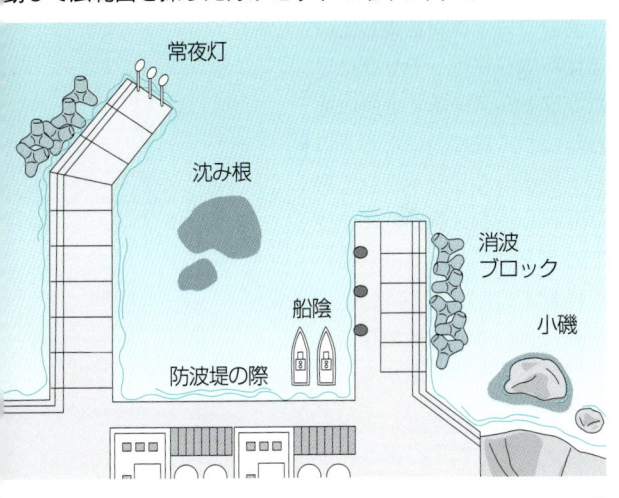

ロックフィッシュ ③

防波堤の際

　フィールドに着いたら、まず足元の魚を狙ってみよう。防波堤の際ギリギリにルアーを落とし込む。着底したらロッドをシャクって誘ってみる。アタリがなければそのまま岸壁に沿って移動する。

　じっくり釣るならソフトルアー、スピーディーに広範囲を誘うならメタルジグがオススメだ。

消波ブロック

　消波ブロックが密集している場所はジグヘッドリグにしたソフトルアーをすき間に落としこむ。底についたら、ロッドをゆっくりシャクって再び落とし込む。数回底につけてもアタリがなければ別の穴に移動する。

　見た目には入り込めないようなポイントにも魚が潜んでいることがあるので、どんどんルアーを入れてみよう。

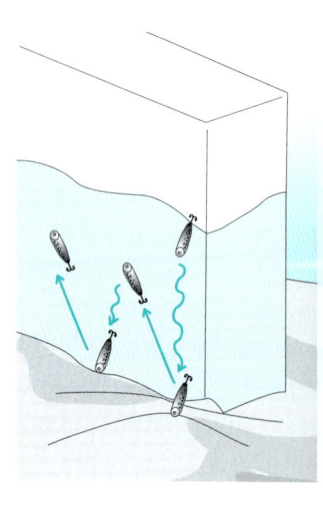

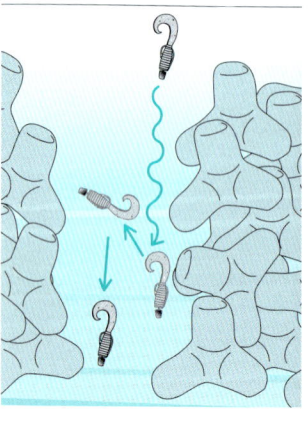

沈み根

　キャスティングで沖目を狙う場合は、まずフォーリングで落とし込む。ズル引きでもよいが、根がかりが多くなる場合はボトムバンピングで根をかわす。海底を軽くたたくようにリズミカルに引き、アタリがあったら穴に逃げ込まれる前に一気に引き抜こう。

メバルの遊泳層

　ほぼ1日中底についている他のロックフィッシュとは異なり、メバルは昼と夜で泳層を大きく変える。日中は捨て石周りについているが夕暮れとともに遊泳層を上げる。常夜灯のある防波堤では、明かりの周囲でエサを追って集まっていることが多いので、明かりの向こう側にフローティングミノーをキャストして群れの中を通過させる。

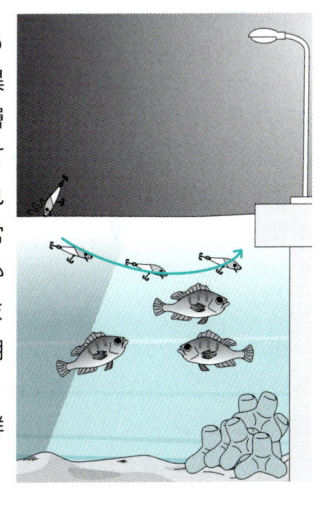

ヒラメ ①

砂底のハンター

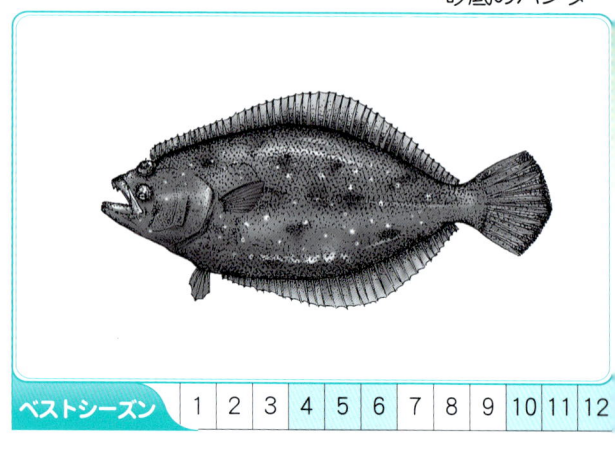

ベストシーズン	1	2	3	4	5	6	7	8	9	10	11	12

　食味が美味で、鯛と並ぶ高級魚として人気の高いヒラメも、ルアーフィッシングでは岸からでも手軽に狙える身近なターゲット。カレイにそっくりの体型だが「左ヒラメに右カレイ」といわれるように背ビレを上にしたときに、左側に目がくるのがヒラメだ。

　昼間は砂に潜ってじっとしているが、小魚がその上を通ると猛然と襲いかかる。夜になると大きい口で小魚、イカ、甲殻類を捕食する。フィッシュイーターゆえに性質はどう猛で、その強いアゴと鋭い歯でソフトルアーなどは簡単にかみ切ってしまう。

　春から初夏にかけてがベストシーズンだが、3才未満のヒラメは浅場で冬を越すためほぼ1年中釣ることができる。最近は稚魚放流が盛んになり個体数も安定しているため、オカッパリの釣り人たちの間でますます人気のターゲットになっている。

タックル

　砂浜での釣りはロッドが短いとラインがたたかれ、ルアーを操作しづらい。9〜11フィートのシーバスロッドに中型のスピニングリールを組み合わせる。ラインは10〜16ポンドを使用する。

　ルアーはヒラメのエサとなる小魚に似せる。イワシに似たナチュラルタイプのフローティングミノーか、シルバーに光るメタルジグを使う。遠投するため、ある程度飛距離を出せるサイズ、ウエイトのものを選ぶ。

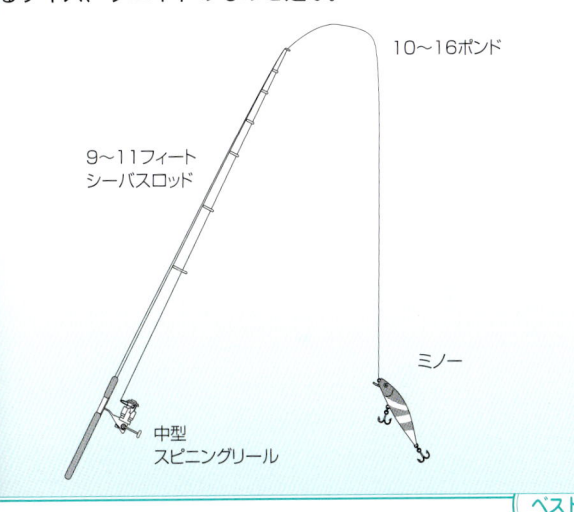

Ⅲ ソルトウォーターゲーム

10〜16ポンド
9〜11フィート
シーバスロッド
中型
スピニングリール
ミノー

ベストルアー

ミノー
（フローティングタイプ）
9〜14cm

ミノー
（シンキング）
8〜11cm

メタルジグ
18〜40g

ヒラメ ②

ポイント&攻略法

　サーフのどこにでもヒラメのいる可能性があるが、1カ所でキャストしていても釣果は上がらない。ヒラメは単純な砂浜よりも砂地に混じって海底に沈み根やクボミがあり、潮の流れが変化しているような場所を好む。このような場所はベイトフィッシュが集まりやすく、ヒラメはそれを追ってやってくるというわけだ。ヒラメ釣りは、まず海底に変化のある場所を探すことから始めよう。海底の変化は陸の地形や波の立ち方がヒントになる場合が多い。砂浜がへこんでいる場所や、逆に出っ張っている場所、沖で波が立っているような場所は海底に凹凸がある可能性が高い。ちょっとした変化も見逃さずに狙ってみよう。

　また意外にも波打ち際などの浅場にヒラメが潜んでいることがある。波打ち際にはベイトフィッシュが多いので、驚くほど浅場にまで追ってくる。ここにいるヒラメは波裏からルアーを近づけてくるとヒットする可能性が高い。

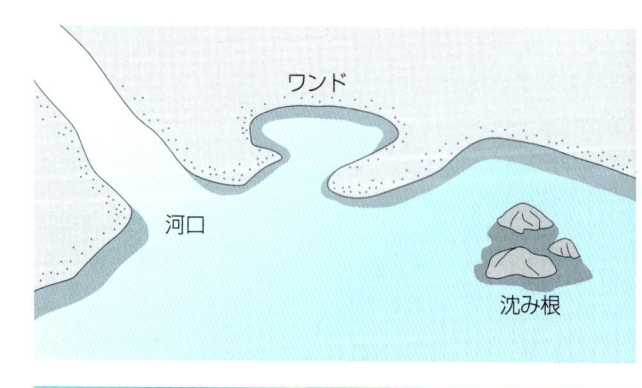

日の出前の狙い方

　ヒラメ釣りは夜明け前、まだ暗い時間がベストタイム。ベイトフィッシュを追うヒラメをフローティングミノーで誘ってみよう。アタリがなければシンキングミノーの中層狙いに切り替える。波打ち際はリトリーブを止め、しばらくルアーを漂わせる。ここに潜むヒラメを重点的に狙ってみよう。

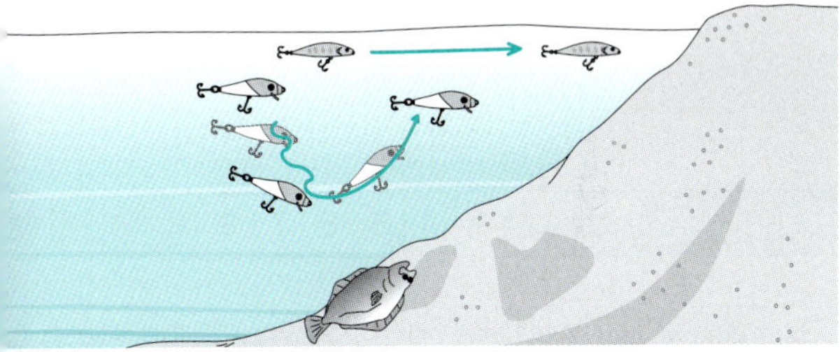

日の出後の狙い方

　日の出後はメタルジグで底層を狙うのがセオリーだ。ヒラメは上方にあるものに反応しやすいため、底を引きずっていては効果が薄い。ボトムをこすらない程度のスピードでゆっくりルアーを泳がせるのがコツだ。ヒラメは口が固いので、アタリがあったら強めにアワセを入れる。

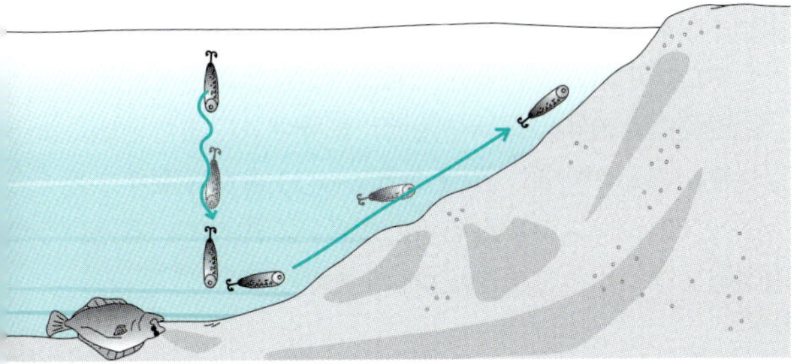

Ⅲ ソルトウォーターゲーム

メッキ ①

南海の王者ヒラアジ類の幼魚

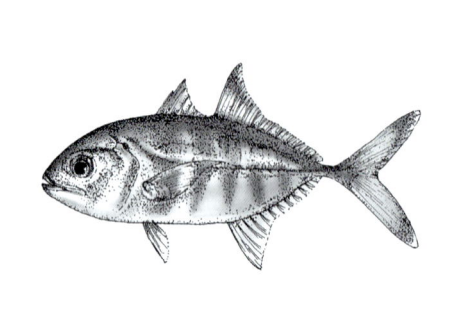

ベストシーズン	1	2	3	4	5	6	7	8	9	10	11	12

　メッキはギンガメアジやロウニンアジなど大型アジの幼魚である。側線後半部分にあるアジ科特有のゼンゴがその証だ。幼魚といえどもルアーに対する反応や引き味は抜群で、多くの釣り人たちを魅了している。

　本来は熱帯から亜熱帯にかけて生息している魚で、本州沿岸で見ることができるのは黒潮に乗って漂着したものといわれている。日本各地の漁港には夏ごろから姿を見せ始め、水温が下がる秋の終わりごろには、体長30cmほどに成長したメッキが排水口、流れ込み、河口付近に集まってくる。

　回遊魚はその年の気候や海流に影響され、また地域によっても差があるが中部、関東地方では11月から翌年2月ぐらいがベストシーズンになることが多い。釣れているという情報は逃さないようにチェックしておこう。

タックル

　7～8フィートのトラウトロッドのミディアムライトアクションが最適。リールは4～8ポンドのナイロンラインが100mほど巻ける小型スピニングリールを使う。

　体長20～30cmのメッキにはルアーも小さめがよい。その日の状況でヒットレンジが変わるのでトップウォータープラグ、フローティング、メタルジグを用意しておこう。色もシルバー系など光るものの実績が高いが、メッキはルアーに飽きやすいので、さまざまなカラーを持っている方が有利だ。

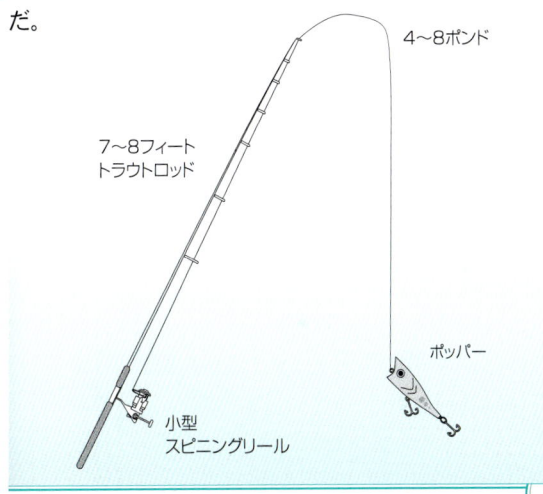

Ⅲ ソルトウォーターゲーム

4～8ポンド
7～8フィート
トラウトロッド
小型スピニングリール
ポッパー

ベストルアー

ポッパー
4～9cm

ミノー
（フローティングタイプ）
5～7cm

メタルジグ
7～12g

157

メッキ ②

ポイント&攻略法

　メッキは回遊性の魚で前日に釣れていたポイントも翌日になるとアタリがピタッと止まることもある。ポイントを正確に予想するのは難しいが、狙い目はベイトフィッシュが多く、水温が高い場所だ。

　まだ体長10cmほどでしかない夏場はエサを取りやすい湾奥に集まっているが、成長するにつれて行動範囲を広げ、秋から冬のベストシーズンを迎えるころには港内全域でメッキの姿を見ることができる。特に漁船の陰、温排水が流れ込む暖かい場所が好ポイント。また、河口、消波ブロックの周りなどもチェックしてみたい。

　メッキはボトム近くを泳いでいることが多いが、水面にベイトフィッシュがいれば一気に浮上してくる。波の穏やかな日にはメッキの群れを確認できることもできることも珍しくない。

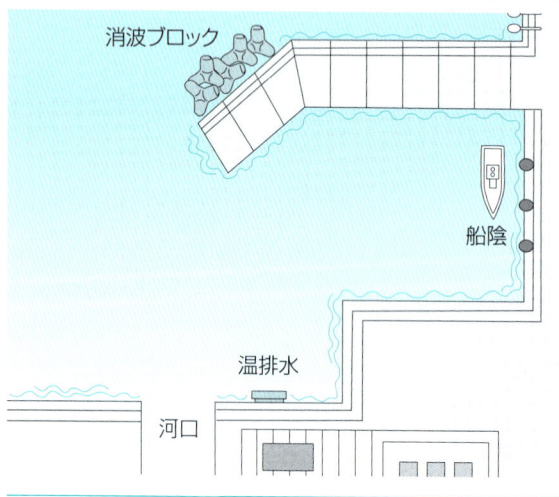

群れが見えるとき

水面にメッキの群れが見えるときは、フローティングミノーかポッパーを群れが移動する方向にキャストする。泳ぐスピードが速く、ルアーを見破る特性を持っているので、リトリーブのスピードは速い方がよい。アタリがなければトゥイッチングやストップ＆ゴーで誘ってみる。

群れが見えないとき

水面に群れが見えないときはメタルジグやスプーンをボトム近くに落とし込んでみよう。着底と同時にファーストリトリーブを開始すると、その直後にヒットすることがある。アタリがなければ早めにルアーを替える。常に目新しいルアーを使うことでメッキの活性が長続きするのだ。

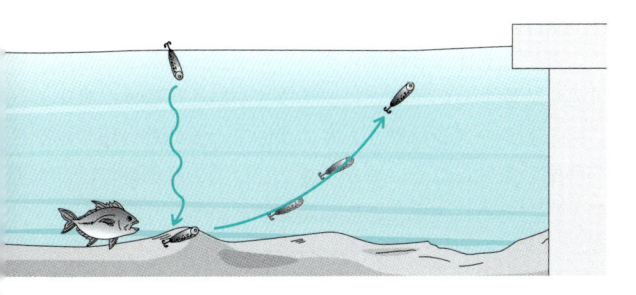

タチウオ ①

1尾釣れたら次々ヒット

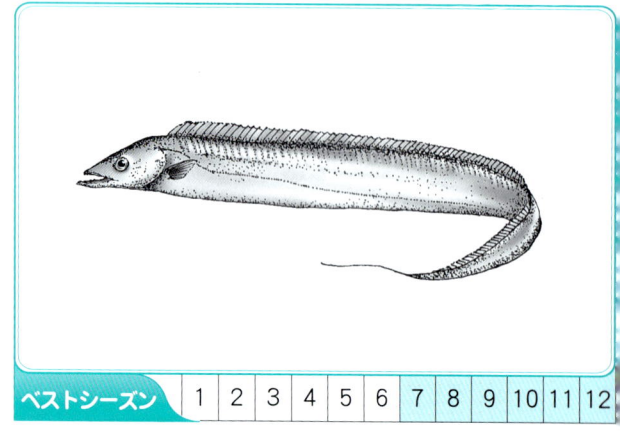

ベストシーズン	1	2	3	4	5	6	7	8	9	10	11	12

　英語ではサーベルフィッシュとも呼ばれ、日本刀のように細長くギラギラとした輝きを放つ。全長は1.5m程度、2mほどにまで成長するものもいる。日中は水深200m前後の深い海底で立ち泳ぎをしているが、朝夕のマズメ時や夜間は上層に浮いてきて、活発にエサを追う。食性は貪欲で好物のイワシやアジなどを見つけると一気に襲いかかり捕食する。

　典型的なフィッシュイーターで歯が非常に鋭いため、うっかり指などをかまれると大ケガになることもあるので要注意だ。また、タチウオは光に寄ってくる習性があり、夜間、港湾近くの明かりの下などにタチウオがいる可能性が高い。

　ベストシーズンは秋から冬にかけて。風のない穏やかな日が最高の条件になる。春から夏にかけての産卵期には、水温の上昇とともに浅場に移動し産卵する。

タックル

　ロッドは 9 〜 12 フィートのシーバスロッド。リールは中型のスピニングリールで 10 〜 12 ポンドのラインが 150m 以上巻けるものを使う。ラインはタチウオの鋭い歯に対処するために太めのものを使用する。
　タチウオはほとんどのルアーに反応を示すが、時間帯によって使うルアーを決めておくと迷うことがない。昼間の釣りでは底を探れるジグヘッドリグやメタルジグを、夜釣りではミノーやバイブレーションプラグで表層から中層を狙う。

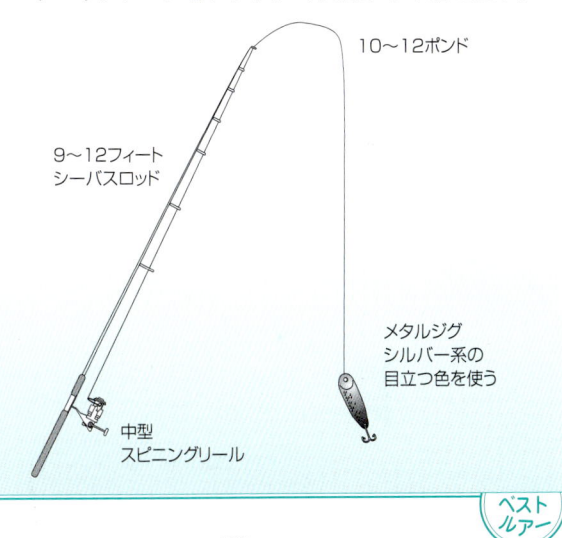

ソルトウォーターゲーム

10〜12ポンド

9〜12フィート
シーバスロッド

メタルジグ
シルバー系の
目立つ色を使う

中型
スピニングリール

ベストルアー

メタルジグ
18〜40g

グラブ
(ジグヘッドリグ)
2〜3g

ミノー
(シンキングタイプ)
5〜9cm

タチウオ ②

ポイント＆攻略法

　タチウオは日中は深場を群れで回遊しており、夜になると常夜灯の下に集まるベイトフィッシュを狙って港内にも入ってくる。夜明け前まで活発に活動し、また深場に戻っていく。そのためタチウオは夜釣りがメインになるが、視界の落ちる曇りの日はタチウオが岸に寄っているので、夕マズメを狙えば日中の釣りでも期待が持てる。

　ポイントは潮通しが良い漁港の入り口付近に集中している。近くに常夜灯などの明かりがあれば最高のポイントになる。明かりがない場合はサーチライトなどでベイトフィッシュを引きつけるのも１つの手段だ。その他、沖堤防、温排水なども好ポイント。逆に潮通しが悪い港の奥にはタチウオが入ってくることは少ない。

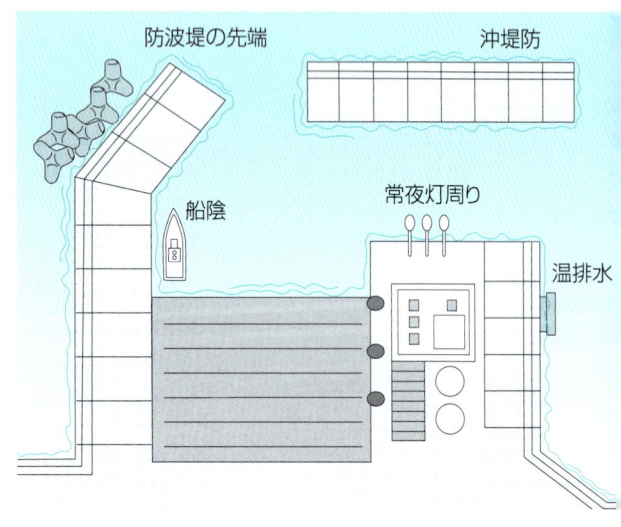

夜釣り

夜に狙う層は主に中層より上。フローティングミノーをスローリトリーブで引いてくる。ロッドを下に向けてはたくようなアクションを加えると効果的だ。近くに明かりがある場合は、明るい部分と暗い部分の境目がヒットゾーンになる。

タマズメ

タマズメに狙う場合はジグヘッドリグ、メタルジグなど、シンキングタイプのルアーをカーブフォールでボトムまで落とし込み、ジャーキングしながら少しずつ引き上げてくる。イトフケが出ているとフォール中のアタリを逃してしまうため、イトフケには常に注意しておこう。

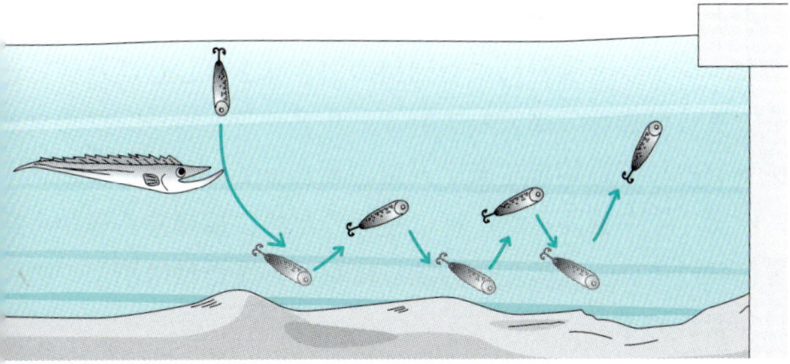

アオリイカ ①

引き味・食味ともに最高ランク

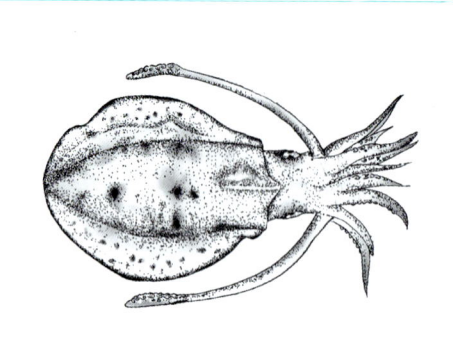

ベストシーズン	1	2	3	4	5	6	7	8	9	10	11	12

　丸みを帯びた体型からコウイカ類と間違えられるが、種類としてはヤリイカやスルメイカに近い。胴長は50cmほどで、腕を入れた長さは1mを超えるものも珍しくない。よほどの遠洋に棲んでいそうなイメージがあるが、意外にも沿岸の浅場に棲んでいて、防波堤や磯から釣ることができる。

　夜行性のため時間帯はタマヅメから夜にかけて。日没後の2〜3時間が最も釣りやすい。釣り方は好物のエビに似せたエギと呼ばれるルアーを使う。アオリイカがエギに乗ってくると、ジェット噴射による独特の引き味を楽しむことができる。さらに食味の面でも抜群で、ルアーフィッシングのターゲットとして近年ますます人気が高まっている。

　ほぼ1年中狙えるが、特に産卵のために接岸する春から初夏にかけては、大型主体の釣りになる。また秋は小型の数釣りが楽しめる。

タックル

　ロッドのティップが固いとアオリイカは乗ったときに違和感を感じ、すぐにエギを放してしまう。スローテーパーのシーバスロッドかアオリイカ用のロッドを使う。リールは中型のスピニングリール。10～16ポンドのラインを150mほど巻けるものを選ぶ。

　アオリイカ釣りではエギと呼ばれる和製ルアーを使う。サイズは3～4号、ピンク、オレンジ、グリーン、ブルーの4色をそろえておき、定期的に交換してヒットカラーを探る。

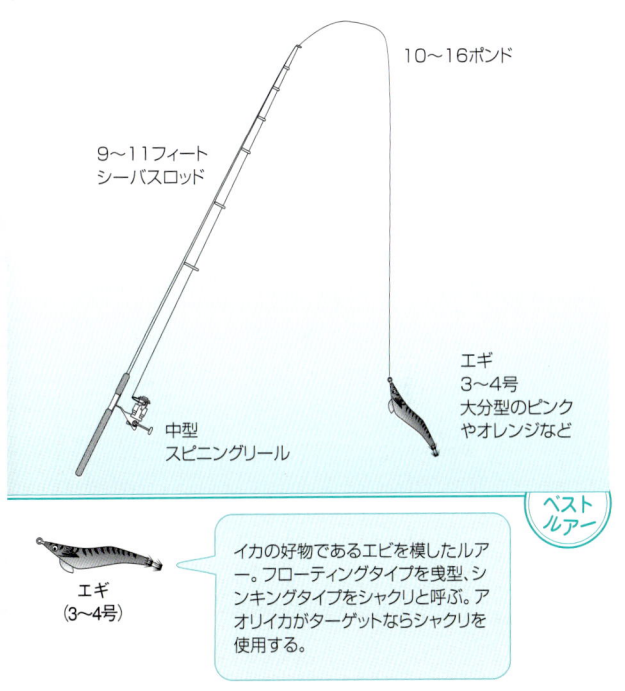

10～16ポンド

9～11フィート
シーバスロッド

中型
スピニングリール

エギ
3～4号
大分型のピンク
やオレンジなど

ベストルアー

エギ
（3～4号）

イカの好物であるエビを模したルアー。フローティングタイプを曵型、シンキングタイプをシャクリと呼ぶ。アオリイカがターゲットならシャクリを使用する。

アオリイカ ②

ポイント＆攻略法

　アオリイカ釣りのフィールドは防波堤と磯だが、エギング入門には気軽に楽しめる防波堤の釣りがオススメ。潮通しがよく、海底が砂や岩で構成される場所ならばアオリイカが回遊してくる可能性は高い。海底に変化のある場所や、海藻が茂る場所が好ポイントになる。夜は小魚が多く集まる常夜灯の下にアオリイカがエサを求めて回遊してくる。アオリイカは夜行性のため日中よりも夜の方が活性が高い。中でも夕マズメからの２〜３時間がベストタイムになる。

　実は、アオリイカにはビギナーにも一目でわかるポイントの見つけ方がある。防波堤の足元を観察しよう。防波堤にイカスミの跡が残っていれば、そこは間違いなくアオリイカが釣れた実績のあるポイント。日によってポイントが大きく変わる釣りではないので、防波堤に残されたスミは重要な手がかりとなるのだ。

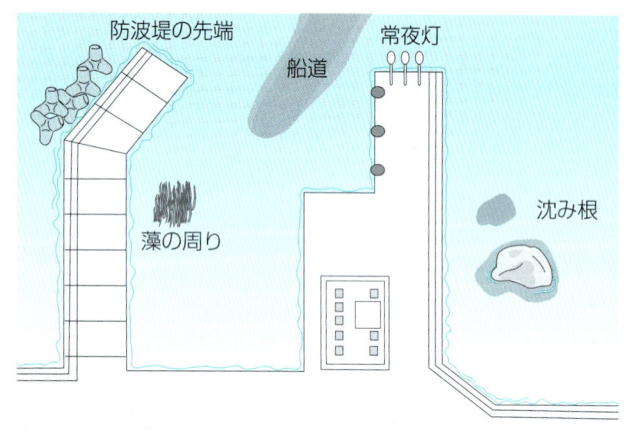

ストレートリトリーブ

棒引きはゆっくりとルアーを引いてくるだけだから、ビギナーにも比較的簡単な方法だ。アオリイカはボトム近くにいることが多いので、底層を探るのが基本になる。まずは、ルアーをキャストして着底までの時間を計る。着底までに50秒かかった場所であれば、40秒でリトリーブを開始すれば底層を探ることができる。アタリがなければ早めにリトリーブを開始し、中層をチェックしてみよう。

リーリングは5秒～8秒でハンドルが1回転のスピードを目安にゆっくりと巻いてくる。ボトムを狙う場合は根がかりを恐れず、海底の凹凸をエギがこするぐらいスレスレを引く。

アオリイカが乗ってくると軽い重みが伝わってくるが、根がかりの場合もあり、判断しにくい。こんなときは、いったんリトリーブを止めてみる。グーッと引っ張られるようならアオリイカだ。そのままリトリーブを続けて重くなってきたらロッドを立ててゆっくりと巻きながら寄せてくる。

アオリイカ ③

シャクリ

　アオリイカの活性が高いときにはシャクリとフォールをくり返す、いわゆるシャクリ引きが有効。カウントダウンでボトムまで落とし込んだらロッドティップを下に向けてラインを張り、大きくシャクリを入れる。「ヒュッ」と風切る音がする程度にシャープにシャクるのがコツだ。シャクったら、再びラインを張ってフォールさせて着底を待つ。このくり返しで足元まで探ってくる。

　アタリはフォールさせているときや着底したときに出やすい。フォールの途中のアタリは突然重みがかかるのでわかりやすいが、着底する間際のアタリはわかりにくく、気づかずにシャクリを入れると身切れを起こしてしまうことがある。あらかじめドラグの設定を弱めにしておき、強くシャクったときにラインが出るようにしておこう。

　なお、エギが足元まできたら必ずシャクリを止めること。気づかずにシャクるとエギが水面を割ってとび出して来るのでたいへん危険だ。

2段シャクリ

エギを2回に分けてシャクること。逃げ惑うエビの姿に動きが似ているため、警戒心が高い日中のアオリイカには特に効果的なテクニック。1回目は素早く、2回目は大きくシャクるのがコツ。見える所まで寄せてきたら、イカの動きに合わせてシャクリとフォールのタイミングを工夫する。

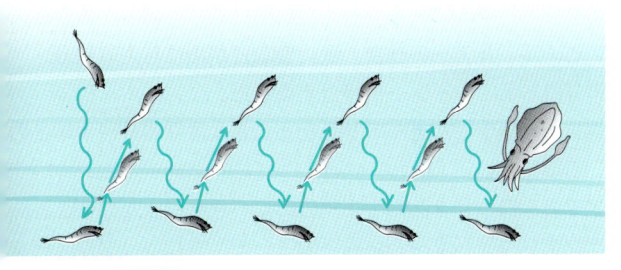

身切れに注意

身切れとはハリの刺さった部分が切れてしまうこと。アオリイカは足でエギをからめているので、強引に引こうとすると足が切れてバレてしまう。ドラグ機能を活用し、相手が引くときはラインを送り出し、イカの動きが止まったときにリールを巻いてゆっくり寄せてくる。

足元まで寄せてきたらネットランディングで確実に取り込む。大型のイカを抜き上げようとすれば、まず間違いなく足がプチッと切れて逃がしてしまうことになる。

用語集 ①

ア

アイ　プラグの先についているラインを結ぶ小さな環状部。
アウトレット　湖などから川が流れ出しているところ。
アクション　①水中のルアーの動き。ロッドの操作やリーリングによって意図的にルアーに動きをつける場合にも使う。②ロッドのしなり具合や硬さ。
アタリ　魚がルアーをくわえた瞬間に感じる何らかの変化。
アピール　ルアーの動き、色、音などが魚に与える刺激。
アプローチ　ポイントに接近すること。
荒食い　魚がどんどんエサをとること。産卵の前後や越冬の前後に多い。
アワセ　ロッドをあおって魚の口にハリを引っかけること。
アンダーウォーター　水面下のことで、主にトップウォーターに対して使う言葉。
糸フケ　ラインがゆるんだ状態
インレット　湖などに川が流れ込んでいる場所。新鮮な水が入り込み、水中の酸素量が多いため多くの生物が集まる。
ウィード　湖、川に生えた水草や藻。ウィードの群生している場所はウィードベッドと呼ぶ。
ウィードレス　ルアーのフックにウィードなどがからまないようにした工夫。
ウィグリング　ミノーやクランクベイトなどがボディの中心を軸に回転しながら、小刻みに体を振る動き。
ウェーディング　水中に立ち込んで釣ること。
ウォーキング・ザ・ドッグ　ルアーアクションの1つ。犬がしっぽを振りながら歩くようなアクション。

馬の背　海底や川底が馬の背中のように盛り上がったところ。
エラ荒い　フックにかかったシーバスなどがフックを外そうと水面上で激しく頭部を振って暴れること。
オーバーハング　湖や川で岩や樹木などが水面にせり出し、覆いかぶさっている場所。
オープンウォーター　水草や立ち木など水面に障害物のない開けた水面のこと。
オフショア　岸から離れた沖。

カ

カーブフォール　ラインを張ったまま弧を描くようにルアーを沈めること。
ガイド　ロッドについているラインを通す部分。
カウントダウン　着水後、ルアーを沈めながら数をカウントし、深度を計ること。
カケアガリ　深いところからだんだんと傾斜しながら底が浅くなるところ。
カバー　アシや水草など魚が身を隠せる場所が水面付近に出ている状態。
汽水域　河口など、淡水と海水が混じり合っているところ。
キャスティング　ルアーを投げ入れること。
グラブ　昆虫の幼虫を模したソフトルアー。
クリアウォーター　透明度が高く、よく透き通った水。
クローフィッシュ　ザリガニ。またはこれを模したルアー。
ケーソン　防波堤をつくる巨大なコンクリートブロック。

サ

サイトフィッシング　見えている魚を狙って攻めること。

用語集 ②

サスペンド 魚が一定の層にとどまっていること。

サミング キャスティングの後、指を使ってスプールの回転を調節するテクニック。

サラシ 波が岩に当たり、海面が白く泡立っているところ。

シェイキング ルアーアクションの1つ。ロッドを小刻みに震わせてアクションをつける。

潮通し 潮の流れ具合。または潮の流れている様子。

潮目 流れの速さや温度が異なる潮がぶつかってできる潮流の境界。

シャロー 水深3mぐらいまでの浅いところ。

出世魚 成長するにつれて呼び名が変わる魚。

ショア 湖、川、海などの岸辺や浜。

シンカー ルアーを沈めるオモリ。

シンキングプラグ シンキングミノーなど、水中で沈むタイプのルアー。

スクール 魚の群れ。

ストップ＆ゴー ルアーアクションの1つ。ルアーを引いたり、止めたりをくり返す。

ストライク 魚の口にしっかりとハリがかりすること。

ストラクチャー 障害物（杭、立ち木、岩、桟橋など）。

スポーニング 産卵。産卵状態に入ること。トラウト類の場合は禁漁期間になることが多い。

スレ ①魚の口以外の部分にフックがかかること。②人の多いフィールドで魚がルアーに慣れて釣れにくくなること。

スローリトリーブ ゆっくりとしたリトリーブでラインを巻きとること。

ソフトルアー　ソフトプラスチックなど柔らかい材質でつくられたルアー。

タ

ダートアクション　ルアーを急激に引くことで起こる不規則に動くアクション。

高巻き　渓流を遡行する際に、通過できない滝や大岩を避け山側のルートを迂回すること。

タックル　ロッド、リールなど釣りをするために必要な道具。

タナ　魚の遊泳している層。または水深のこと。

トゥイッチング　ルアーアクションの１つ。ロッドの先を上下させて、ルアーをキラキラと光らせる。

トップウォーター　水面。水面で使用するタイプのプラグをトップウォータープラグという。

ドラグ　リールの一部分。一定以上の魚の引きに対して、ラインを送り出す装置。

トリプルフック　フックが３本になったもの。

トレース　水底の地形や障害物をなぞるようにルアーを泳がせること。

トレーラー　ラバージグなどの後ろにつける付属物。

ナ

根　水底にある岩などの障害物。

ネイティブ　もともとそこにいた野生の魚。

根ズレ　ラインが水底の障害物をこすること。

ハ

バーチカルジギング　ルアーアクションの１つ。真下にルアーを落とし込み、上下に動かす。

用語集 ③

バーブレスフック　カエシのついていないフック。

場荒れ　釣り人が多く、魚の警戒心が高まって釣りにくくなった状態。

バイト　魚がルアーに食いつくこと。アタリ。

バックウォーター　ダム湖の流れ込み部分。流れてきた水が湖水とぶつかりあうところ。

バックラッシュ　ラインの出ていくスピードが必要以上に速くなり、からまってしまうこと。

バラす・バレる　フッキングした魚のフックが途中で外れること。

ヒット　魚がルアーに食いつくこと。

ファーストリトリーブ　高速でラインを巻き取ること。

フィールド　釣り場のこと。

フッキング　ロッドをあおって魚の口にフックをかけること。

ブッシュ　水草や木の枝などが水面に出ている場所。

ベイトフィッシュ　フィッシュイーターのエサとなる小魚。

ヘビーカバー　桟橋、倒木など大きな障害物。また、それらに覆われたポイント。

ボイル　フィッシュイーターが水面でエサを追っているとき水面が沸き立つようになること。

ポイント　その釣り場で魚が釣れそうなところ。

ポーズ　ルアーの動きを止めていること。

ポケット　水生植物の生い茂る場所にあるすき間。

ボトム　水底のこと。

ポンピング　ロッドをあおり、倒しながらラインを巻き取る動作。大物釣りのテクニック。

マ

マズメ　日の出前後を朝マズメ。日没前後を夕マズメという。釣りには絶好の時間帯。

マッチ・ザ・ベイト　そのとき魚が食べているエサにルアーを合わせること。

マンメイドストラクチャー　人工の障害物。桟橋、橋げた、消波ブロックなど。

ミノー　小魚を模したプラグ。

ラ

ライズ　魚がエサを食べるために水面に姿を現わすこと。

ラインスラック　ラインのたるみ。

ラインブレイク　魚とのファイト中にラインを切られること。

ラトル　プラグのボディーに内臓された玉。音を出す。

ランカー　大物。記録会で上位にランクされる大型の魚。

ランディング　釣った魚の取り込み。

リーダー　ルアーとシンカーの間のライン。

リーリング　リールを巻いてルアーを引き寄せる操作。

リグ　ソフトルアーでの釣りに必要になる仕掛け。

リザーバー　川をせき止めてつくった人造湖。ダム湖など。

リップ　ルアーの頭部下についた舌状のもの。

リトリーブ　キャストしたルアーを回収する動作。

リバーチャンネル　人造湖にあるもとは川だった場所の跡。

リリーパット　ハスの葉などが水面を覆っている場所。

レンジ　水面から低層までの深さの区分。

ワ

ワンド　湖や川などで入り江、または湾になっているところ。

すぐにできる ルアーフィッシング

◎写真協力：(株)シマノ／ダイワ精工(株)／メガバス(株)

2010年3月19日 再版

編　集	釣り場探究会
発行者	隅田　直樹
発行所	リベラル社
	〒460-0008 名古屋市中区栄4-12-26 栄CDビル4F ＴＥＬ　052-261-9101 ＦＡＸ　052-261-9134
発　売	株式会社　星雲社
	〒112-0012 東京都文京区大塚3-21-10 ＴＥＬ　03-3947-1021

Ⓒ Riberarusha．2007　Printed in Japan
落丁・乱丁本は送料弊社負担にてお取り替え致します。
ISBN978-4-434-11013-9　　21252
http://www5.ocn.ne.jp/~riberaru/